AF247856

LA VÉRITÉ

SUR LE

GOUVERNEMENT DE LA DÉFENSE NATIONALE

LA COMMUNE

ET

LES VERSAILLAIS

PAR

V..... D'ESBŒUFS

TÉMOIN OCULAIRE

> .....? Enfin.... où voulez-vous en venir,
> M. Thiers? Est-ce en donnant des audiences
> répétées au comte de Paris et à sa femme
> que vous entendez fonder la République ?...?

GENÈVE

IMPRIMERIE COOPÉRATIVE, RUE DU CONSEIL-GÉNÉRAL, 8

1871

Droits de traduction et de reproduction réservés

LA VÉRITÉ

SUR LE GOUVERNEMENT DE LA DÉFENSE NATIONALE

LA COMMUNE ET LES VERSAILLAIS

Je l'ai vu, de mes yeux vu
Ce qui s'appelle vu.....
MOLIÈRE,

Les désastres de Sedan produisirent la révolution du 4 septembre 1870. L'empire s'écroulant sous la corruption, la honte et la défaite, la République se trouva être, dans la pensée de tous, la seule forme de gouvernement capable de tenir tête à l'ennemi.

Elle fut acclamée au Corps législatif à deux heures et proclamée à l'Hôtel de ville à quatre heures du soir. Les membres de la *Gauche* du Corps législatif, fruits secs de la révolution de 1848, se poussèrent au pouvoir et composèrent, en grand nombre, le gouvernement de la défense nationale. Aussi, la France n'avait pas vu la fin de ses revers.

Par une incapacité, qui n'a d'égale que le résultat déplorable qu'elle a amené, le gouvernement provisoire, au lieu d'en appeler aux forces vives de la nation, au lieu de décréter la levée militaire en masse de 18 à 40 ans, de s'assurer des armes à l'étranger par nos ports restés libres, de fondre des canons, d'activer l'armement par tous les moyens possibles, la fabrication et l'approvisionnement à l'étranger, se contentait d'appeler la garde nationale mobile, d'armer les gardes nationales sédentaires avec des fusils défectueux, sans ordre, ni limite d'âge.

Là fut la première faute du gouvernement de la défense nationale ; en constituant la garde nationale, il créait de nouveaux ateliers nationaux qui devaient ramener les désordres, les désastres de 1849.

Comme force militaire (le général Trochu le savait bien, il l'a déclaré dernièrement au Corps législatif), les gardes nationales avec des chefs inexpérimentés, ne pouvaient tenir contre des troupes disciplinées et aguerries. Aussi, cette mesure ne fut-elle qu'un expédient, une sorte de satisfaction donnée à l'opinion publique, faite pour mieux la tromper.

Le général Trochu tenait à gagner du temps, il lui en fallait pour tenir.en laisse ses collègues, avec des paroles mielleuses et les espérances de *son plan*. C'est ainsi qu'il détachait à Londres, à Vienne et à St-Pétersbourg, M. Thiers pour mendier des secours qu'il savait aussi bien que son ambassadeur ne pouvoir obtenir. Et celui-ci aussi avait un plan...., il revenait sans résultat, mais très-content de lui et introduisait dans l'armée de la Loire les princes de la famille d'Orléans, éléments de discorde qui allaient préparer nos défaites.

La France devait succomber par la trahison, sous le coup des intérêts cosmopolites admirablement servis par Trochu, Jules Favre et Thiers, en haine de la République.

En effet, si la République française avait vaincu la Prusse, c'en était fait des trônes européens : la République, comme un courant électrique, se serait répandue dans toute l'Europe. C'est ce qu'il fallait empêcher à tout prix. Bismarck le savait bien, aussi craignit-il la Russie, malgré la rivalité que l'empire d'Allemagne allait créer? S'occupa-t-il de l'Autriche, malgré les rancunes de la guerre de 1866? Consulta-t-il l'Italie, cette ingrate prostituée qui se donne à qui pare sa couronne d'une province de plus? Il savait aussi que les monarchies solidaires les unes des autres ont les mêmes intérêts. Dès lors on devait le laisser faire. Mais pour vaincre la République française, il fallait autre chose que des armées ; pour venir à bout de son patriotisme, pour obtenir la reddition de Paris, il fallait simuler la famine, faire souffrir pendant six mois une population de deux millions d'habitants, les exposer à toutes les horreurs du bombardement et de la faim, assujettir l'armée et la garde nationale aux fatigues inutiles de la garde des remparts, au feu meurtrier des sorties, amenant des retraites toujours ordonnées à temps marqué et après succès.

Tout cela ruinait la nation, mais on conservait un semblant de bravoure, on sauvait l'honneur de la défense, on ne capitulait qu'après avoir épuisé, en apparence, tous les moyens connus.

Le général Trochu a dit dernièrement à l'Assemblée (c'est presque un aveu de trahison) qu'il avait jugé, dès le commencement du siége, la victoire impossible. Mais alors pourquoi ne pas faire la paix?

Pourquoi faire tuer tant de monde inutilement? Pourquoi?....... Pourquoi?

Depuis ce temps, — nous le savons, Pourquoi? Les provisions trouvées en grand nombre aux caves des halles centrales, les farines oubliées au grenier d'abondance, les salaisons trouvées dans les forts ont dénoncé, à l'opinion publique, le savoir-faire du gouvernement de la défense nationale, et rien ne pourra le soustraire à l'indignation de l'histoire.

On voit encore dans des terrains du quartier des Epinettes des quantités considérables de pommes de terre gâtées, qu'on a été obligé de jeter et qui viennent du temps du siége, alors qu'on les payait 20 francs le boisseau.

Consultez le premier venu, dans l'armée, officiers ou soldats (gardez-vous des généraux et des intendants), tous vous diront : « Nous avons été *vendus*, trahis. »

Dans le peuple, c'est comme un instinct on l'avait deviné avant de le savoir.

L'exposé du plan Trochu, fait par lui-même à l'assemblée, est venu, malgré l'habileté et le talent oratoire du général, jeter un nouveau jour sur cette page douloureuse de l'histoire de la reddition de Paris.

Le général dit : « J'avais un plan, c'est-à-dire ce plan était du général Ducrot,..... (Ducrot est le général qui, après avoir juré de ne rentrer que mort ou victorieux, arriva deux heures trop tard sur le lieu de l'action et nous fit perdre ainsi la dernière bataille, la dernière chance de salut), « il consistait à sortir par la porte de » l'Ouest, afin de se rabattre sur le Hâvre et assurer par là le ravi- » taillement de Paris, — mais M. Gambetta ayant formé une armée » sur la Loire et le général Chancy ayant gagné la bataille de » Coulmiers, je dus renoncer à mon plan. »

Fallait-il donc, général, que le général Chancy perdit la bataille ? ..... — Et quant à l'armée de Gambetta sur la Loire, elle n'a pas dû être formée sans que vous en ayez eu connaissance, puisque, au départ de celui-ci, vous avez dû forcément vous entendre avec lui sur la formation des armées, au Sud comme à l'Ouest, — étant de toute urgence que celui qui allait rassembler des troupes en province connût votre plan.

Cependant, après la reddition de Paris, après la ratification du traité par l'Assemblée, la garde nationale, qu'on avait sacrifiée, qu'on avait exposée à un feu meurtrier, au dernier moment, pour la décourager et puiser, dans ce découragement même, le pré- texte de traiter de la paix, était une charge lourde pour le trésor ! — D'un autre côté, cette foule d'hommes armés et déjà mécontents pouvaient être un embarras, un obstacle aux vues du pouvoir exé- cutif. Il fallait donc la désarmer. Mais désarmer cette population héroïque, qui avait supporté les privations et les fatigues du siége, n'était pas chose facile. Cette garde nationale qui, à force d'hé- roïsme, sinon de tactique militaire, serait peut-être parvenue à sauver Paris, si l'on avait voulu, mais qui, dans tous les cas, se serait faite bravement tuer, il fallait la supprimer, la jeter sur le pavé sans solde ni travail ?..... Cette masse d'ouvriers, de femmes, d'enfants, qui vivaient tous d'une misérable indemnité insuffisante, il fallait la réduire au désespoir, la pousser dans la rue ?.... C'était le plan de M. Thiers.

Comme en juin 1849, comme au 2 décembre sous Napoléon, il fallait une bonne émeute; on y terrasserait encore une fois l'hydre de l'anarchie, — (il n'y a rien qui donne de la force à un gouvernement comme de terrasser cette bête, c'est comme saint Michel terrassant le dragon), — on fusillerait, on transporterait cent cinquante ou deux cent mille âmes, hommes, femmes et enfants, au nom de l'ordre et de la liberté, et tout serait dit ! D'ailleurs, n'a-t-on pas une magnifique colonie, la Nouvelle-Calédonie, qu'il faut peupler? N'est-ce pas une belle occasion de faire de Paris la cité du riche, de se débarrasser de cette population grouillante, qui fait tâche et remords à la bourgeoisie dorée? — On tentera le coup, si on échoue une première fois, on réussira bien mieux une seconde; le pouvoir, qui en sortira victorieux, n'en sera que plus fort, il aura rendu un si grand service à la cause de l'ordre !

Mais les ouvriers, déjà tant éprouvés, tant diminués par le feu de l'ennemi, les privations, la faim et les maladies pendant le siége, si vous les supprimez, comment marcheront vos ateliers, vos fabriques, vos usines, votre article de Paris qui fait l'admiration du monde et votre fortune....? Bah! La chose est simple, nous appellerons les Prussiens, plus sobres, plus laborieux, plus rangés et qui coûtent moins cher, c'était un plan, un grand plan, cela! L'ordre, l'économie commandaient, il fallait l'exécuter. Mais comment trouver un motif, un prétexte? Le gouvernement l'avait sous la main, il l'avait préparé à dessein.

L'intention de désarmement était manifeste, tous les journaux officieux y poussaient le pouvoir. — La garde nationale s'était mise en garde, — elle s'était fédérée; — 216 bataillons devaient marcher d'accord et obéir à un comité directeur, en cas d'atteinte aux libertés publiques et aux droits des citoyens. Plusieurs séances avaient été tenues à la salle du Waux-Hall, rue de la Douane, le gouvernement ne l'ignorait pas et laissait faire.

Quelques mots d'explication sur la fédération de la garde nationale seront utiles pour l'intelligence du lecteur :

Dans tous les arrondissements et dans tous les bataillons, dans chaque compagnie, on nommait, par voie de scrutin secret, trois délégués de compagnie, un titulaire et deux suppléants, en cas d'empêchement ou de maladie de l'un d'eux; — les délégués de compagnie composaient le cercle de bataillon; — le cercle de bataillon nommait, à son tour, trois délégués de bataillon dont l'ensemble composait le conseil de légion ou d'arrondissement. Les chefs de bataillon étaient, de droit, membres du conseil de légion. Le conseil de légion nommait, en dernier lieu, trois membres qui composaient le comité central : soit soixante membres pour les vingts arrondissements.

On se rappelle que le gouvernement de la défense nationale s'était emparé du pouvoir au 4 septembre 1870, sans en appeler à la nation ; qu'il s'était imposé le devoir de continuer la guerre et s'était aussi arrogé le droit de signer la paix honteuse et coûteuse que nous subissons.

L'Assemblée était réunie à Bordeaux, il fallait peser sur ses décisions pour obtenir la ratification du traité, — alors on inventa cette fameuse histoire qui consistait à ne pas livrer Belfort, mais à laisser entrer les Prussiens dans Paris, jusqu'à ratification du traité par l'Assemblée. Le peuple de Paris ne s'y trompa pas, il comprit la ruse ; étant habitué aux pratiques des avocats qui malheureusement dirigeaient les affaires, — mais il contient son indignation et donna, pendant l'occupation des champs Elysées, par les Prussiens, l'exemple du calme, de la modération et du patriotisme le plus pur.

Le gouvernement, on s'en souvient, avait abandonné aux Prussiens les armes de l'armée de Paris, excepté celles de la garde nationale qui possédait non-seulement des fusils, mais aussi des canons produit des souscriptions publiques faites au sein des bataillons ; ces canons avaient été déposés au Palais de l'industrie par les soins du gouvernement, sur le passage et l'occupation même désignée aux Prussiens. Par une inconcevable négligence, le gouvernement avait oublié de les retirer. La garde nationale s'en souvint à temps (quelques heures seulement avant l'entrée des Prussiens) et sans ordres, mais mue par une impulsion simultanée, elle s'attela aux pièces et les traîna, en lieux sûrs, à Montmartre, à Belleville, à Batignolles, etc...

Le gouvernement laissa faire, mais après le départ des Prussiens, le général d'Aurelles de Paladines, (ce général connu seulement par ses retraites multipliées sur la Loire), nommé à la tête de la garde nationale, fit force ordres du jour pour déclarer que les bataillons ne devaient faire aucun espèce de service sans ordres. Il voulait parler du service de garde volontaire que s'imposaient les gardes nationaux auprès des canons.

Déjà les journaux cléricaux réactionnaires de tout calibre : *Le Français*, *l'Union*, le *Figaro*, *l'Univers*, le *Journal de Paris*, renforcés des journaux de la haute banque, *les Débats*, le *Constitutionnel*, la *Patrie* poussaient, excitaient le gouvernement à l'attaque des gardes nationaux, qu'on disait être un Etat dans l'Etat, une force dangereuse fortifiée à Montmartre, à Batignolles et à Belleville.

Le gouvernement faisait le mort, il laissait monter le flot des passions bourgeoises, il y puisait l'encouragement au crime qu'il hésitait peut-être encore à commettre, et alors que ce conflit, à propos des canons, semblait être apaisé par l'établissement à leur garde, d'une troupe mixte, moitié garde nationale, moitié troupe de ligne, sans décret de désarmement et pendant que la garde nationale, sans défiance, continuait à faire seule le service aux portes de Paris :

Le 18 mars, à trois heures du matin, des escouades de sergents de ville soutenus par des troupes de ligne escaladèrent les hauteurs de Montmartre gardées à peine par six hommes qui, en présence de forces aussi considérables, se retirèrent. On aurait pû immédiatement amener les canons, sans réveiller même le quartier, mais ces canons qui avaient été amenés et montés là, à force de bras, par la garde nationale, il fallait des chevaux aux sergents de ville et à l'armée pour les ramener. *Est-ce astuce scélératesse ou incapacité?* On avait oublié d'en prendre! De telle sorte que, jusqu'à 7 heures du matin, on donna le temps à la population de se rassembler, de s'exciter; aux femmes, aux enfants de se grouper comme à un spectacle, aux gardes nationaux d'accourir, et comme cette masse vivante s'opposait non par la force, mais simplement par l'embarras et la pression naturelle d'une foule compacte. Le général Vinoy fit avancer le 88ᵉ de ligne. Au commandement de feu, le colonel, qui l'avait ordonné, fut tué raide d'une balle, aussitôt tout le régiment mit la crosse en l'air, et la troupe et la garde nationale fraternisèrent. On assure même que le colonel tomba frappé d'une balle sortie des rangs de son régiment. Ce qui est à croire puisque aucun de ses soldats ne songea à le venger.

C'est que l'armée, à cette époque, avait souffert et avait été témoin de l'humiliante capitulation de Paris. La surexcitation dans le peuple, la garde nationale et la ligne étaient au comble, les femmes désarmaient les soldats et tous, pêle et mêle, hommes femmes et enfants, s'embrassaient et chantaient la Marseillaise. C'est alors que le général Clément Thomas et Lecomte (le premier en bourgeois) cherchèrent à rallier l'armée et à la haranguer contre le peuple. Ils furent faits prisonniers et fusillés presque instantanément, sans pitié, par la garde nationale et les soldats tout confondus dans une étreinte générale et fraternelle, voilà ce qu'on a appelé l'assassinat du 18 mars! Tandis que ce n'est qu'une triste conséquence de la guerre civile, déplorable certainement à tous égards.

On a fait aussi grand bruit d'un conflit qui eut lieu, le **21** mars à la place Vendôme, entre la garde nationale, qui gardait les abords, et une troupe de gens armés de révolwers qui tentèrent d'enlever l'état-major de la place. Ils avaient tous une cocarde bleue à la boutonnière; obéissant à un signe ou à un commandement particulier, ils firent feu de leurs révolwers; deux gardes nationaux tombèrent frappés à mort. Alors seulement, les fusils s'abattirent sur cette foule imprudente et criminelle et on releva plusieurs morts et plusieurs blessés. Entr'autres un journaliste-folliculaire,

M. de Pène, connu pour son duel contre un vaillant officier de notre armée, à propos de polka, et le comédien parfumeur, Félix, frère de Rachel.

On rendra justice à la révolution du 18 mars: elle se fit sans effusion de sang, sauf ces deux cas dans le moment de la lutte et de l'action.

Le gouvernement, qui avait prémédité le coup, s'était arrangé pour le transport de l'Assemblée à Versailles, afin de ne pas l'exposer aux émotions et aux éventualités d'une lutte; aussi, au premier échec, il se sauva *dans cette ville*, abandonnant une population de deux millions d'habitants aux mains des révolutionnaires dont aujourd'hui, il dit tant de mal! Si, à cette époque, il ne s'était pas trouvé des hommes déterminés et sages sachant apaiser les convulsions populaires et résister à ses violences, Dieu seul sait ce qui aurait pu se passer! Dans le 17e arrondissement, entr'autres, où l'élément populaire existe peut-être plus que partout ailleurs, le Conseil de légion, investi de la plus grande autorité, a maintenu l'ordre et s'est toujours opposé aux violences des clubs, presque toujours dirigés par des mouchards de Versailles. Le rôle de l'autorité nouvelle, en un pareil moment d'effervescence, n'était pas sans danger, et vingt fois, chacun de ses membres a vu sa vie à la merci de la bouche d'un révolwer.

Mais il appartenait au peuple de se montrer grand et généreux dans sa victoire : il fit des prisonniers plutôt pour les soustraire à sa propre colère que pour sévir contre eux, plutôt pour les sauver que pour les punir. On les relâchait peu après, on les appelait frères, et, s'ils répondaient à une loyale étreinte, on se quittait heureux !

Combien sont loin de ces pratiques généreuses les vainqueurs, aujourd'hui où les exécutions sommaires ont fait tant de victimes. Certainement il se trouvera des citoyens, des prisonniers même de cette époque qui rendront justice à la vérité de notre récit.

Ce fut donc une attaque intempestive et sauvage contre le peuple inoffensif qui produisit cette révolution. On reconnaît là l'homme de la rue Transnonain, celui qui, en d'autres temps, après avoir commandé une barricade à ses agents, empêchait le maréchal Bugeaud de la prendre avant qu'elle ne fût défendue par cinq cents hommes entraînés par les siens, dont le seul rôle consistait à disparaître aussitôt que l'engagement était commencé.

Ainsi donc, le 18 mars, la victoire resta complète au peuple. Les forts furent pris sans coup férir ; la garnison les abandonnait à mesure qu'on se présentait. Mais le Mont-Valérien fut négligé, et lorsqu'on s'y présenta, il était trop tard ; la garnison avait été doublée et changée. Ce fut là la première faute du Comité central. Tout à sa victoire, il ne pensait qu'à se dessaisir du pouvoir entre les mains de la Commune au nom de laquelle s'était faite la révolution. Fidèle à son programme, il lui cédait le pouvoir à condition de garder l'organisation de la garde nationale, selon les statuts de la Fédération.

Certes le vote fut imposant et unanime le 26 mars ; tout le monde, à Paris, demandant la Commune, — la Commune fut proclamée.

Avant d'esquisser ce règne, gros d'orages, qu'on nous permette d'émettre notre avis. Selon nous, le Comité central s'était trop pressé d'abandonner le pouvoir ; selon nous, il aurait dû, au contraire, le conserver et marcher sur Versailles qui n'était pas défendu, sur l'Assemblée qui n'avait que deux bataillons pour la garder, prêts à mettre la crosse en l'air, — sur cette Assemblée qui avait fini son mandat et qu'il fallait disperser sous peine de voir la révolution échouer. Alors la révolution se serait faite en province, alors, maître de Paris, maître de Versailles qui avait décapité la France, le Comité central en aurait appelé à la Nation, et la nouvelle Assemblée, sortie du sein du peuple et nommée sous l'élan patriotique et révolutionnaire, aurait affirmé la République et proclamé la Commune, en même temps, dans toute la France ! — Nous donnâmes notre avis, mais notre voix ne fut pas écoutée ; nous fûmes taxés de tiède et de temporisateur. Paris, les clubs aidant, avait hâte d'avoir sa Commune, c'est ce qui perdit tout, l'occasion surtout, qui est une et ne se rencontre pas deux fois. D'ailleurs, les gens de la Commune, tous hommes nouveaux, n'avaient pas la confiance de la garde nationale et, dans la direction des opérations militaires, ne devaient pas réussir comme le Comité central sorti du sein même de la Fédération. Ce fut aussi une faute de l'appeler Commune au lieu de municipalité, que tout le monde comprend. Bien des gens confondent, à dessein, par malveillance ou sérieusement par ignorance, Commune avec communisme et perdent ainsi, l'institution dans l'esprit du public. Ici, nous devons constater que les souvenirs de 1793 ont perdu la Commune. Ne s'inspirant que de ces souvenirs, sans tenir compte de l'époque, elle ne pouvait avoir son génie propre. Par esprit d'imitation, il n'y a pas jusqu'au calendrier qu'elle n'ait changé, mettant ainsi l'intelligence à la torture des gens peu lettrés, souvent même les membres de la Commune, s'y trompaient eux-mêmes ! Une autre manie, c'est celle d'appeler tout le monde citoyen, lorsqu'il est si peu d'individualités qui méritent ce titre.

Dans une époque de nivellement comme la nôtre, alors que tout le monde s'appelle Monsieur ou Madame, alors que ce titre est devenu une élocution, une qualification usuelle, générale, que le charbonnier en use, à l'égard de sa femme, aussi sérieusement que le plus gros bourgeois ou le marquis de meilleure souche, pourquoi en imposer un autre ?... Et, pourquoi ne pas plutôt le garder et le réserver, comme récompense nationale, uniquement pour les personnes qui se seraient distinguées ? Cette récompense, dans un pays libre, en vaudrait bien une autre, et notamment celle de la Légion d'honneur.

L'Internationale avait poussé, avec une admirable discipline, les siens au scrutin. L'ouvrier, si souvent trompé, ne voulut se confier qu'à lui-même, il délégua le soin de ses destinées à ses frères. Malheureusement, l'homme qui a travaillé de ses mains n'a pas eu le temps de réfléchir, d'étudier, et se trouve incapable de faire de la politique. Un homme politique ne s'improvise pas, et d'ailleurs, combien peu réussissent dans cette carrière ingrate ! Généralement, l'ouvrier, n'est pas assez instruit pour aborder les problèmes d'économie sociale et le droit international. Aussi prend-il le plus souvent ses passions pour ses intérêts ! La société est à refaire, d'accord, — mais, avant de supprimer, il faut avoir matière pour réédifier et être sûr de pouvoir faire mieux. — Les décrets de la Commune étaient personnels et non humanitaires. Poussée par les clubs qui, pour la plupart, étaient dirigés traîtreusement par des gens de Versailles, elle faisait de la violence et non de la révolution. C'est ainsi que, en parlant de liberté, elle portait parfois atteinte à la liberté des autres, laissait envahir les églises par les clubs, froissait les sentiments religieux d'un grand nombre, et s'attirait des ennemis sans aucun avantage pour la chose publique. Elle aurait dû, plutôt, agissant révolutionnairement, frapper les communautés religieuses, dans ce qu'elles ont d'anormal, abolir les couvents cloîtrés et non cloîtrés, qui amènent les vœux éternels et toutes ces vieilles pratiques portant atteinte à la liberté individuelle. Elle aurait dû, par contre, s'appliquer à protéger le prêtre disant la messe, aussi bien que le pasteur ou le rabbin faisant son instruction religieuse.

Certaines églises cependant dont le clergé était digne et honorable ont été respectées, entr'autres Sainte-Marie des Batignolles, tandis que, à côté, Saint-Michel était envahi. Sans vouloir justifier ni même excuser la conduite des envahisseurs, il est à remarquer que, si les prêtres montraient tous la même dignité de caractère, les églises et eux-mêmes seraient toujours *respectés*. Mais les scandales publics, la découverte de cadavres de jeunes filles et d'enfants nouveaux-nés, à l'église Saint-Laurent, par exemple, ne sont pas faits pour édifier l'opinion publique, ni imposer le respect des églises. Ce dernier fait a été démenti, mais nous le maintenons vrai, puisque nous l'avons vu ! — Le décret abolissant l'armée fut mal rendu ; il fallait conserver les cadres qui auraient servi à l'organisation des bataillons. Et d'abord, si on avait eu les officiers de l'armée de Versailles, on aurait eu aussi les soldats. Les officiers ont été repoussés par ce décret qui compromettait leur avenir. — Le corps d'officiers appartient à celui qui a la main sur la manivelle motrice, comme disait récemment l'un d'eux, qui lui garantit, avant tout, ses conditions d'existence, le maintient sans réduction des cadres et assure la régularité de ses appointements. — Le décret concernant la maison de M. Thiers était intempestif et impolitique, bien que juste. Mais avant de frapper la maison, il fallait frapper l'homme, c'est-à-dire, battre ses armées.

Le décret sur la Colonne, bien qu'ayant un côté attrayant l'oubli des querelles internationales de peuple à peuple, manquait peut-être d'àpropos, en présence des Prussiens souillant le sol français, jusque sous les murs de Paris.

D'ailleurs, et dans tous les cas, il créait des ennemis à la République et, par cela seul, devait être écarté. Nous sommes encore trop près de la grande guerre légendaire. Il n'y a pas de famille en France où il n'y ait encore le souvenir pieux d'un vétéran témoin ou acteur de ces grandes luttes inutiles, mais pleines d'esprit français.

Les nouveaux Etats sont comme les nouveaux nés, à qui il ne faut appliquer que la nourriture qu'ils peuvent supporter.

Cette manie de décrets, dont la plupart s'ingéraient mal à propos dans l'administration générale du pays, alors qu'il ne fallait s'occuper que de la défense et d'administration locale, perdit la Commune.

Ensuite, la longueur de la lutte, les conflits incessants entre la Commune et le Comité central produisaient un effet déplorable et l'affaiblissait dans l'opinion de chacun.

La Commune à peine installée fut jalouse du pouvoir de la Fédération, dont elle ne connaissait pas même les statuts.

La Fédération nommait ses chefs, la Commune lui contestait son droit.

De là, conflits de toute espèce, ordres d'arrestation des membres des Conseils de légion en masse, tout aussitôt abandonnés par la pression toute naturelle des bataillons, mais toujours désordre et confusion à la suite.

La Commune voulant avoir une garde spéciale ne dépendant que d'elle, on vit affluer dans le commandement de corps Francs cette grande quantité d'étrangers dont la conduite fut toujours un mystère.

La Commune cherchant une force en dehors de la Fédération; — cela devait la perdre. En soulevant des conflits et des rivalités on compromettait la défense.

La Commune fille de la Fédération, cherchait à étouffer sa mère! c'est alors qu'on vit Bergeret remplacé par Dombrowski et toute cette avalanche de Polonais se produire. Cluseret délégué à la guerre, fut accusé de trahison et remplacé par Rossel; et Ros-el, accusé à son tour avec Gerardin, des Batignolles, parvenant à s'enfuir avec lui, termine la série des militaires à la délégation de la guerre. — Par esprit d'imitation, à la manière des singes, la Commune avait nommé un Comité de salut public.

Les choses marchaient déjà de mal en pire, lorsque ce Comité de salut public décréta cette insigne folie, la nomination de Delescluzes comme délégué civil à la guerre.

Délégué civil à la guerre? — Qu'est-ce que cela peut vouloir dire?...

Un journaliste ministre de la guerre, un homme à qui Flourens, malgré la justice qu'il rendait à son caractère, reprochait l'indécision, un homme enfin, n'ayant aucune notion des choses militaires, allait être arbitre suprême de la défense devenue de plus en plus difficile. Nous nous souvenons avoir vu ce grave vieillard, pâle et décrépit au front austère, aux lignes droites, au regard triste et convaincu; il avait l'air de pressentir déjà sa fin, mais on voyait qu'il resterait fidèle à son poste jusqu'au bout. Il était entouré de son chef d'état major, le colonel Henri, un enfant petit, gros, joufflu, tout épris de ses galons, fait exprès pour jouer au soldat, aussi étranger à l'art militaire que son chef, tranchant du despote, méprisant la hiérarchie, ne faisant qu'à sa guise, créant la confusion, comme à plaisir, dans tous les services, — du citoyen Arthur Arnould, membre de la Commune et satellite du ministre, militaire d'occasion, dont le seul mérite consistait à parader avec les galons de commandant, — et enfin du sous-chef d'état major, Lefebvre-Roncier, homme froid, calme et sérieux, mais débordé par les premiers.

C'est dans cette organisation déplorable, qu'on apprit le 21 mai, de grand matin, l'entrée des Versaillais à Paris. Date mémorable, jour néfaste où les horreurs succèdent aux horreurs, complot social s'il en fut! Exécutions en masse, femmes, enfants, vieillards tout y passe! Versailles a soif de sang, laissez-le se repaître. Tout ce que l'imagination peut concevoir est dépassé. M. Thiers surpasse Charles IX. Cette fois, ce n'est plus Transnonain, c'est la Saint-Barthélemi. Les gardes nationaux blessés, dans l'action, sont achevés sur place, on ne fait pas de quartier. Les gardes nationaux blessés antérieurement sont retirés des ambulances et fusillés pour faire place aux blessés de l'armée. C'est ainsi que fut fusillé le général Okolowiez, malade à l'ambulance du palais de l'Industrie depuis plus de quinze jours. Les arrestations se font en masse. Tous ceux qui sont rencontrés, même après la lutte, sont emmenés, confondus pêle mêle avec les hommes pris les armes à la main, et fusillés au coin d'un mur.

Les squares, les places publiques regorgent de morts, tous

passés par les armes. On les enfouit dans les jardins publics, au square de la tour Saint-Jacques, un homme, moitié enterré et encore vivant, remue un bras, à la place Vendôme plus de cinq cents femmes, de tout rang, sont alignées le long du mur et fusillées en masse.

Avant de les fusiller, on les mutile, on leur coupe les oreilles, le nez, on les viole même, selon l'habitude contractée pendant la campagne et exercée contre les ambulancières. Et que Versailles ne vienne pas démentir le fait, nous avons vu au cimetière Montmartre des femmes, des jeunes filles, presque des enfants mutilées, les oreilles coupées, le nez fendu, etc., etc...

Toute cette foule de soldats, qui se rue dans Paris, est avinée et avide sang. Les chefs surtout sont sans pitié, un soldat à Batignolles las de tuer, refuse de fusiller des femmes et des enfants inoffensifs, il est mis à mort immédiatement sur l'ordre de l'officier. Dans le même arrondissement, on a vu un homme, qui n'avait pris aucune part à la lutte, entraîné aux yeux de sa femme, (comme il sortait pour se procurer un peu de nourriture pour sa famille) par une soldatesque ivre de sang, sa femme accourt, un enfant dans les bras, pour protester de son innocence, on n'écoute rien, et, comme elle tenait son mari étroitement embrassé et qu'il aurait été trop long de la détacher, on fusille homme, femme et enfant. M. Esquerdo, docteur médecin, se précipite pour donner des soins à l'enfant qui respire encore, — il est saisi et fusillé à son tour! Des femmes, des enfants, des familles entières affolées, courant les rues, allant à Montmartre, à la recherche de leurs maris, de leurs frères ou de leurs enfants, sont arrêtées et fusillées par centaines.

Des vieillards, des femmes, des enfants inoffensifs, allant aux provisions, sont enlevés à leur famille. Il suffit que leur mise indique qu'ils appartiennent au peuple ou à la garde nationale pour qu'ils soient entraînés et chassés en avant, à coups de crosse ou de baguettes de fusil.

On a vu des prêtres, à Batignolles, au lieu de modérer l'ardeur sanguinaire des soldats et faire œuvre de paix et de miséricorde, les exciter au carnage le plus horrible. Nous avons vu arrêter des enfants inoffensifs devant leur porte, en pantoufles et en chemise. On les poussait en avant malgré les cris et les protestations des parents. Ces enfants sont à Brest, on les a séparés — ce sont les fils de M. Houlier, secrétaire d'un des commissaires de police du 17e arrondissement. On a arrêté des enfants qui n'avaient pas six ans. Des femmes sont enlevées par milliers et emprisonnées, lorsqu'elles ne sont pas fusillées sur le champ. Des familles entières disparaissent. On a fusillé trois femmes au quartier des Epinettes, parce qu'on a trouvé chez elles un pantalon de garde national.

L'uniforme de garde national est un signe accusateur, tout individu qui en est revêtu est fusillé. On oublie que, après huit mois de chômage, il y a des gens qui n'ont pas d'autre vêtement.

Bruneraud, le marchand fourreur de la rue des Martyrs, est fusillé, parce que, il y a six mois, il avait donné l'hospitalité à Félix Pyat. Sa fille veut protester elle est fusillée après lui.

Dans la nuit du 25 au 26 mai, les troupes occupaient les environs de la barrière du Trône. Tout était sombre, pas une fenêtre éclairée. Tout à coup, les soldats aperçoivent une lumière au cinquième étage de la maison portant le n° 52 du boulevard de Picpus. On croit y voir un signal donné aux fédérés. On entre dans la maison et on trouve, dans une chambre au cinquième étage, deux vieillards qui se faisaient du thé. On les saisit et on les fait descendre. Le concierge implore pour eux l'officier, atteste que ce sont des hommes tout à fait tranquilles, respectables, qui n'ont aucun rapport avec les fédérés. Rien n'y fait. Ils sont fusillés. C'étaient MM. Roswadowski et Schweitzer, vieillards tout à fait estimables, paisibles et d'une rigidité de mœurs presque ascétique. L'un d'eux, M. Schweitzer, avait son neveu servant comme lieutenant dans l'armée de Versailles.

De la même manière a péri le nommé Lewicki, graveur, décoré de la Légion d'honneur.

On établit des cours martiales qui condamnent à mort tout ce qui leur est amené. Au Châtelet, on cite un commandant de la garde nationale, réfractaire à la fédération, qui, comme président de la cour martiale, fait arrêter et fusiller tous ceux qui se montrent dans ses parages.

Comme les fusillades ne vont pas assez vite, on emploie, à Montmartre, au Luxembourg, à l'Ecole militaire, au bois de Boulogne, des mitrailleuses qui expédient les victimes par centaines. Plus de quinze mille anciens soldats, qui avaient pris parti pour la commune, sont exécutés ainsi sans désemparer. Nous les avions vus passer rue Lafayette avec la veste retournée.

On évalue, à plus de vingt mille, le nombre de victimes innocentes, c'est-à-dire n'ayant pris aucune part à la lutte, hommes, femmes et enfants fusillés sommairement, et on compte qu'il y en a plus de 60 mille en prison dans le même cas.

Un fort volume ne suffirait pas à relater les atrocités commises.

On voit avec quelle violence a procédé Versailles qui accuse la Commune d'assassinat! mais l'exécution de Duval, celle de Flourens, comment les appellerez-vous? Les fusillades sans jugement, comment les qualifierez-vous? Et toutes les victimes de la férocité des soldats ne sont-ce pas autant d'assassinats???

Certes, ce fut une faute que la prise des ôtages, mais la justification ne se trouve-t-elle pas dans la manière même dont vous traitiez les prisonniers? Vous avez fusillé sans pitié durant toute la campagne des pères de famille qui, après avoir marché contre les Prussiens, ont tourné leurs armes contre vous.

Si c'était une erreur, elle était générale, et lorsqu'une insurrection prend de telles proportions, elle a droit aux égards et aux lois de la guerre. Ce fut donc pour empêcher vos exécutions, vos assassinats multipliés qu'on prit les ôtages. Vous n'avez jamais voulu les échanger! Avouez que vous êtes bien heureux de ces exécutions, M. Thiers, qui couvrent vos massacres et vous permettent de vous poser en victime, tellement que vous êtes encore bien capable de les avoir fait assassiner vous-même, pour en jeter tout l'odieux sur la Commune. Quoi qu'il en soit, la vie d'un homme quelque haut placé qu'il soit, n'en vaut-elle pas une autre, fût-il archevêque? Et vous ne pouvez dissimuler que vous n'ayez fusillé ou mitraillé plus de vingt mille victimes n'ayant pris aucune part à la lutte. Cependant les ôtages n'étaient qu'au nombre de quarante et, parmi eux, tous sont-ils bien dignes d'intérêt? Si l'archevêque, si Chaudey, sont des victimes à jamais regrettables, le banquier Jecker, par exemple, l'auteur de la guerre injuste contre le Mexique, ne semble-t-il pas frappé par la Providence?

Si la lutte, vers la fin, a été poussée à outrance, c'est que, ne faisant pas de quartier, vous obligiez les combattants à se défendre en désespérés. C'est donc vous, Versaillais, qui êtes les premiers coupables de la mort des ôtages, en donnant un caractère barbare à la bataille, sans quartier, ni trève ni merci!

Et les membres de la Commune, comment les avez-vous traités? Ne les avez-vous pas fusillés sans jugement? Vallès, Amouroux et Varlin! Vallès, cet écrivain fougueux; Amouroux, cet enfant convaincu, enthousiaste et éloquent dont l'âme était aussi limpide que la parole; Varlin l'honnête homme, cet ouvrier instruit, ce travailleur infatigable, cette nature douce et candide qui ne connaissait pas la haine, qui ne savait qu'aimer et pardonner, vous l'avez pris dans la rue, après la lutte, lâchement, vous l'avez entraîné à Montmartre et vous l'avez tué! Après, vous avez essayé de le calomnier, cet homme qui est mort comme il avait vécu, pauvre et estimé.

Dans votre rage, vous faites mieux, un jour, vous arrêtez Billioray, vous l'entraînez à i'Ecole militaire. Le lâche, dites-vous, il tremble, il s'agite. il demande grâce, il nie être Billioray... — Vous le fusillez! Mais après, vous reconnaissez que vous avez fusillé un honnête et inoffensif citoyen, établi mercier, rue de la Motte-Piquet. Et cette méprise, assure-t-on, vous l'auriez renouvelée trois fois!

D'ailleurs, de quel droit fusillez-vous les élus du peuple? Avez-vous calculé l'immensité de votre forfait? Au 18 mars, le comité central était un gouvernement insurrectionnel, révolutionnaire et anormal, au même titre que le gouvernement du 4 septembre, avant le vote plébiscitaire. Mais les élus du 26 mars, sont les élus du suffrage universel, ils ont été librement élus, et ils ne sont pas le produit de l'état de siége comme la plupart de vos députés de Paris, vous ne pouvez toucher un seul cheveu de leur tête, sans encourir la qualification d'assassins que vous aimez tant à donner aux autres. Au surplus, ils ne relèvent pas de vos cours martiales ni de vos conseils de guerre, ils ne relèvent que du peuple. — Si vous leur donnez des juges, vous devez les prendre dans le peuple, parmi les électeurs, parmi les jurés.

Vous ne le ferez pas, car dans un tribunal qui ne serait pas composé de compères, d'accusateurs, vous deviendriez accusés. Voyons, raisonnons un peu. N'êtes-vous pas, vous-mêmes, le produit d'une révolution ? Et, si par impossible, l'Empereur rentrait victorieux, que mériteriez-vous alors ? N'auriez-vous pas aussi usurpé des fonctions publiques ? Convenez que votre système n'est que pure barbarie. A ce compte, si nous remontons d'âge en âge, les révolutionnaires de 1830, s'ils revenaient au pouvoir, massacreraient les bonapartistes, les légitimistes, dans la même éventualité, auraient le devoir de massacrer les hommes de 1789 et de 1830, et de faire aussi table rase des bonapartistes. Après quelques révolutions, vous voyez où conduirait votre système, — à l'anéantissement de toute société.

La révolution du 18 mars avait eu sa consécration par l'élection de la Commune, comme celle du 4 septembre par le plébiscite. La position de l'une et de l'autre est identique, comparons les hommes maintenant.

Est-ce que Paschal Grousset, ce jeune homme éclairé, croyant et convaincu, ne vaut pas Jules Favre, cet avocat à chicane, ce jésuite effréné, qui, d'après les preuves fournies (par le *Vengeur*, — qui n'ont pas été contestées), — consistant en extraits des registres de l'état civil, serait trente fois faussaire et au moins une fois bigame ? Est-ce que Varlin, l'intègre Varlin ne valait pas le ventru Picard ? Est-ce que Bergeret, Flourens et Duval, ces héroïques et chevaleresques enfants ne valaient pas le sombre Trochu, le cruel Vinoy et le quasi-mort ou victorieux Ducrot.

La révolution du 18 mars fut comme un flot d'indignation emportant les hommes de la défense nationale, qui avaient fait la paix honteuse et décapité la France. Ce fut une protestation énergique contre la capitulation, tout comme la révolution du 4 septembre avait été le châtiment d'une dynastie, qui avait fait déchoir la France dans l'histoire des peuples.

Maintenant la lutte étant terminée, les derniers combattants ayant été pris au Père-Lachaise, le canon ayant cessé de tonner, pourquoi arrêtez-vous encore journellement ? Déjà aux élections du 2 juillet, il manquait cent mille électeurs. C'est donc aux électeurs de la Commune que vous en voulez? On compte déjà plus de cent cinquante mille âmes supprimées à Paris, hommes, femmes et enfants ; et les arrestations continuent toujours, après deux mois, sur l'indication de la délation la plus éhontée qu'on puisse imaginer !

Versailles faisant sa curée, la délation atteignant jusqu'à l'extrême limite du dernier degré d'avilissement auquel puisse descendre une nation, tout cela c'est le plan de M. Thiers, l'œuvre de la bourgeoisie, de cette aristocratie d'argent dont il est la personnification et qui pèse plus à la nation que les grands seigneurs d'autrefois !... Aujourd'hui, à la bourgeoisie tous les avantages, au peuple rien. Elle remplace la noblesse et elle ne la vaut pas. Elle a toutes les faiblesses, tous les travers, elle achète même des titres, s'y prend au sérieux, s'affuble de rubans, de décorations et s'arroge les droits de la féodalité, même celui de cuisage, d'une façon bien plus sûre, avec l'aide de la misère qu'elle traîne à sa suite, qu'elle impose autour d'elle, qui amène la corruption la plus effrénée et partout la décomposition. Dans ses ateliers, elle ne paie pas suffisamment les ouvriers, encore moins les femmes ; par un salaire insuffisant elle les amène à une prostitution immanquable dont il profite le premier. Dans les magasins, on voit même fréquemment refuser du travail à des jeunes filles sages et honnêtes et l'accorder, de préférence, aux filles entretenues, parce que, celles-ci, ayant besoin d'un prétexte pour exercer leur coupable industrie de prostitution, travaillent à meilleur marché et offrent au marchand plus de garanties de solvabilité que les ouvrières dénuées de moyens d'existence. Ceci est un fait inouï, qui paraîtra impossible aux honnêtes gens, mais dont nous nous portons garants et dont nous pourrions, au besoin, donner des preuves. Quelques-uns même de ces plats bourgeois se disent républicains, et M. Thiers, l'homme, l'inventeur de la fusion, serait en train de le devenir ! Pourquoi pas ? La République, telle qu'ils l'entendent, serait plus commode pour eux. Avec elle, plus de princes, plus de ducs, de marquis, de comtes, de barons d'ancienne roche qui tiennent le premier rang et qui relèguent les bourgeois au second. Si cette République, sans républicains, inventée par M. Thiers, pouvait s'acclimater sans réformes, elle serait le véritable trône du bourgeois.

Le bourgeois est plus heureux que l'ancien seigneur féodal. En effet, dans l'ancien régime, le noble, fut-il duc, marquis, comte ou baron, avait charge d'âmes ; il était maître chez lui, mais seulement à condition de nourrir ses vassaux, et cela, à peine de Jacquerie.

Aujourd'hui, au contraire, le bourgeois s'engraisse du travail du pauvre, n'a aucun souci, aucune charge, et, si le peuple se met en grève, s'il s'insurge contre ses procédés, n'a-t-on pas la gendarmerie, les sergents de ville, les cours martiales, les conseils de guerre pour les mettre à la raison ? Aussi, M. Thiers, fidèle aux droits du bourgeois, cet homme mesquin qui menace de faire la France à sa taille, ce jongleur que le maréchal Soult appelait Foutriquet, repousse-t-il l'impôt sur le revenu, malgré qu'il fonctionne en Suisse, en Angleterre, et dans tous les pays libres. — En France, au contraire, c'est le travail, c'est l'ouvrier des villes et des campagnes qui doit tout payer, tout, jusqu'à la guerre, cette erreur des nations. Pauvre France ! M. Thiers, ennemi de la décentralisation, ennemi des franchises locales, est en mal pour fausser notre état social ! Place à l'homme de la rue Transnonin, il accomplit son œuvre, il termine son plan !

Dans la lutte désespérée qui s'est livrée à Paris le 21 mai et les jours suivants, dans cette affreuse bagarre, on ne peut se faire une idée du nombre de coups de canon et de coups de fusil qu'il a pu se tirer, de la profusion de bombes et de fusées incendiaires qui s'entrechoquaient dans les airs. Le crépitement était continuel, incessant, strident ; il était tel qu'on ne s'entendait pas parler. On comprend donc facilement que, avec la grande quantité de boîtes à mitraille, de projectiles à pétrole qui étaient lancés des deux côtés, le feu se soit déclaré en maints endroits. On ne doit s'étonner que d'une chose, c'est que, privés de secours contre l'incendie, Paris n'ait pas brûlé tout entier. — Les accusations de pillage, de vol et d'incendie sont d'affreuses calomnies qui, propagées par Versailles, sont cependant en train de faire le tour du monde !

Les pétroleuses n'ont jamais existé, mais on a fusillé de pauvres femmes en quête, malgré la bagarre, de faire leurs petites provisions d'huile pour s'éclairer ou de bouche. A Batignolles, une petite fille est saisie au sortir d'une boutique de mercier. C'était dans l'avenue de Clichy, elle portait une boîte, on vérifie, elle avait contenu du pétrole. C'en fut assez ! la pauvre petite n'eut pas le temps de faire sa commission, elle fut fusillée. Un peu plus haut, dans la Grand'Rue, on arrête une pauvre femme portant une boîte, on l'entraîne, on lui fait subir le même sort. Vérification faite, sa boîte contenait des tripes à la mode de Caen. Si ce n'était pas affreux, ce serait risible !

Le 27 mai, un avis de l'autorité militaire, affiché dans tous les coins de Paris, disait que de la maison portant le numéro 16, dans la rue de Tournon, un coup de feu avait atteint un officier, que des perquisitions faites tout aussitôt avaient permis d'arrêter deux Polonais, les nommés Vernicki et Dalewski qui, ayant été trouvés nantis d'une grande quantité de pétrole, avaient été passés par les armes.

Le fait, ajoutait l'autorité, est d'autant plus grave que dans la maison se trouve un libraire. Vérification faite par les soins du Comité de l'émigration polonaise, à la tête duquel se trouve le prince Czartoriscki, dont tout le monde connaît l'honorabilité, le fait s'est trouvé complétement faux et inventé à plaisir, quant au coup de feu et à la grande quantité de pétrole; — mais il est malheureusement vrai que les deux polonais ont été fusillés. L'un d'eux, Dalewski, dirigeait la librairie et les deux litres de pétrole trouvés étaient la provision de la boutique. C'était un jeune homme sage, rangé, qui donnait l'hospitalité à Vernicki, ancien garde national ayant fait toute la campagne contre les Prussiens.

Le Comité d'émigration a protesté contre ce fait dans un mémoire remarquable adressé à l'Assemblée nationale.

On voit à l'aide de quels subterfuges, de quels mensonges habilement calculés, l'autorité a cherché à égarer l'opinion publique à cacher ses crimes et à justifier une répression injustifiable, scélérate et insensée.

Il en est des incendies comme des complots inventés par Piétri sur le boulevard et au cimetière Montmartre, comme du fameux procès de Blois, à cette époque, celui qui en accusait le gouvernement de l'Empereur était mal mené, il en est de même aujourd'hui. Mais la vérité se fera jour petit à petit, qu'on réfléchisse seulement un peu, qu'on examine et qu'on se rende compte de la manière dont le feu a pris. Dans toutes les maisons le feu a commencé par la toiture, puisque la plupart des portes d'entrée sont intactes. Ce sont donc les bombes incendiaires, les boîtes à mitraille qu'on n'avait pas voulu employer contre les Prussiens et dont on a gratifié la ville de Paris, qui ont mis le feu.

D'ailleurs, pense-t-on que des femmes ou des enfants porteurs, je le veux bien, d'un ou deux litres de pétrole qu'ils seraient parvenus à glisser dans les caves et même à allumer, plus ou moins adroitement, auraient pu causer l'incendie? Les caves sont humides, voûtées, le pétrole y brûlerait, mais l'incendie ne s'étendrait pas au-delà.

Voici, au reste, un fait dont nous avons été témoins, dont par conséquent nous garantissons l'authenticité. C'était le jeudi 24 mai, les Versaillais s'étaient emparés du grenier d'abondance et se défendaient, depuis midi, des croisées masquées par une toile, contre les fédérés placés sur le boulevard Contrescarpe, mal abrités derrière le parapet du canal. Le feu des troupes était meurtrier, la garde nationale ne pouvait les atteindre cachés derrière les lucarnes du grenier, comme derrière des meurtrières. Après des pertes considérables, le boulevard fut abandonné par les fédérés. Le feu cessa, en conséquence, sur ce point; il était cinq heures environ! Mais un quart d'heure après, une épaisse fumée sortit des croisées et, tout d'un coup, la flamme s'élança, droite et agile, à travers les ouvertures et la toiture, sur toute l'immense longueur de la façade en même temps!

C'était un spectacle magique! Le feu dura trois jours. L'Hôtel de Ville brûlait depuis la veille. Peu après, le feu se communiqua à une maison à côté et aux archives de l'artillerie. Or donc, il est matériellement impossible que les fédérés, aient pu mettre le feu au grenier; et si ce crime devait être imputé à quelqu'un, ce serait aux Versaillais qui l'occupaient. Ce qui s'est passé au grenier d'abondance a pu se passer ailleurs.

C'est un parti pris, une affaire entendue, un complot social, une affreuse machination, partout, on accusera la Commune et les fédérés, afin de jeter la haine, la déconsidération et le mépris sur la démocratie, masquer toutes les trahisons, et justifier cette répression barbare, inouïe, insensée qui doit, pense-t-on, préserver l'Europe de la République démocratique pendant quarante ans, au moins!

Bien mieux, on fera traquer partout, en France, comme à l'étranger les républicains, on demandera l'extradition comme pour de vils criminels. Et cela se passe et est accepté dans notre siècle que l'on dit avancé!

Comment étrangers naïfs, vous vous figurez donc que dans ce Paris que vous avez habité, où vous avez été bien acceuillis, il s'y cachait trois cent mille brigands, incendiaires, voleurs et pillards, et vous êtes allés dans ce Paris maudit vous confier à ses rues? Trois cent mille incendiaires, tous pères de famille, d'accord avec leurs femmes et leurs enfants, mais c'est insensé, vous n'y avez pas cru, vous n'y croirez pas! Demandez plutôt compte à Versailles qui a mis le feu et bien fait sauter, cette fois le 18 mai, la poudrière de l'avenue Rapp, avec deux cents personnes, trois jours avant l'entrée de ses troupes à Paris. Les coupables sont connus, ils ont avoué. Ils étaient dirigés par le comte Ladulas Zamoyski ancien affilié à la police de Bonaparte et depuis le 18 mars espion de Versailles.

Des gens, capables de pareille énormité, de se faire précéder par une avant-garde d'incendiaires et d'assassins, entrain d'imagination, sont capables d'avoir inventé les pétroleuses. C'est un mot, un joli mot, il devait réussir. D'ailleurs cherchez qui pourrait avoir intérêt à brûler certains édifices, voyez si l'œuvre des partis, la position de certains hommes n'y seraient pas interressés?

A l'Hôtel de Ville, par exemple, n'y avait-il pas certains comptes, les comptes Haussmann dont les Bonaparte ne doivent pas regretter la perte.

De même, pour les Tuileries, ces maudits papiers qu'on était en voie de dépouiller.

Quant au Palais de Justice et aux registres de l'état civil de l'avenue Victoria, c'est une autre affaire.

Versailles, n'aurait-il pas voulu frapper l'imagination du bourgeois qui tient beaucoup à son Palais de Justice, et surtout, et à juste titre, à son État civil, conquête de 1789?

Le Palais de Justice et la Préfecture de police brûlés, cela fait bien contre des hommes qu'on dit criminels et, par conséquent, intéressés à détruire le temple de la Justice et le siége de la Répression. L'état civil surtout, cela fait mieux encore contre des hommes qui veulent abolir la famille, bien qu'ils aient tous des enfants!

Après ces considérations générales sur ce point, il reste à remarquer, en passant, si nous croyons à l'authenticité, non contestée, des extraits de l'état civil, fournis par le *Vengeur*, contre Jules Favre, que l'homme de France, qui avait peut-être le plus d'intérêt à la destruction des registres de l'état civil, était le ministre des affaires étrangères.

Il reste le ministère des finances. Comment l'expliquer? C'est tout simple : Ils ont voulu détruire le Grand Livre, ils ont voulu ruiner le bourgeois! Ah! c'est trop fort, l'indignation est au comble!.....

Mais l'incendie de la porte Saint-Martin qui est un théâtre populaire, comment l'expliquer? Pour le coup, dit M. Thiers, le peuple aviné s'est trompé : il a pris cela pour une église. Et voilà cependant les sottises qu'on répète et qui trouvent du crédit.—On accuse la Commune et les fédérés de tous les crimes : le vol et le pillage leur sont familiers. Voyez-les cependant à l'étranger ceux qui ont pu s'échapper sont sans argent, ils n'ont, la plupart, pas de pain. Comparez-les aux Bonapartistes, tous flanqués de châteaux, d'actions et de pignons sur rue. Des pillards qui ont respecté la banque, alors qu'elle était à leur merci; des voleurs qui faisaient respecter la propriété, et qui n'ont frappé aucune contribution sur les riches comme faisaient les Prussiens; des brigands qui maintenaient l'ordre et donnaient la plus grande sécurité aux habitants! Cette sécurité n'existe plus à Paris, depuis que vous y êtes entrés, un honnête homme n'est pas à l'abri de vos méprises ou de vos brutalités, quelquefois suivies de vol.

Le 25 mai, les troupes arrêtèrent un Brésilien. Il avait un riche butin, des diamants aux doigts, un portefeuille bien nourri; ce devait être un communard. On lui confisqua toutes ses richesses. Mais le Brésilien fut réclamé pas son ambassadeur, il fut rendu. Il n'y a que le portefeuille qui ne se retrouva pas : il contenait douze mille francs. Il est inutile d'ajouter que les diamants sont restés avec le portefeuille. De pareils faits se passent de commentaires. C'est donc de votre côté que se trouvent les voleurs et les pillards et non du côté du peuple toujours pauvre, toujours trompé et toujours honnête!

Des personnes dignes de foi rapportent que M. Thiers, craignant la rentrée des Prussiens à Paris, aurait dit : « Il faut en finir, nous » brûlerons plutôt Paris en cas de résistance, que de le laisser à la » Commune. »

Nous-mêmes, nous avons entendu des officiers supérieurs dire à leurs troupes : « C'est assez, prenez garde aux incendies, malgré les ordres de Thiers, il ne faut pas brûler Paris. »

Après tout, qu'est-ce que les dégâts de Paris devant les ruines du Point-du-Jour, d'Auteuil, de Neuilly, d'Asnières, de Levallois, d'Issy, de Vanves, de Passy, des Ternes, etc. ? Les désastres des Prussiens ne sont rien en comparaison de ceux-là. Ces jolis pays, comprenant une population de plus de quatre cent mille âmes, n'existent plus guère; ils sont sinon rasés, du moins démolis, écornés, ruinés, et c'est par milliers qu'on compte les victimes que le bombardement incessant pendant deux mois a produites. En accusera-t-on aussi la Commune? Et après avoir été capables de ceux-ci, les Versaillais devaient-ils s'arrêter devant ceux-là. Tel n'était pas le caractère de la campagne entreprise par le gouvernement de Versailles qui, en faisant incendier les principaux édifices comme les Tuileries, l'Hôtel de Ville, le Conseil d'État et la Cour des Comptes, les principaux établissements comme le Grenier d'abondance et les Docks de la Villette, aurait voulu frapper l'imagination de la province et priver Paris de subsistances en cas d'échec. Tout Paris a vu les fusées et les bombes incendiaires s'abattre sur la Villette et ses Docks, il est donc au moins superflu de chercher, quant à présent, aux incendies d'autre cause.

M. Thiers triomphant dans sa petite taille, veut forcer le public à juger à travers ses lunettes; il ne recule devant rien : Après avoir repoussé la conciliation de quelque part qu'elle vienne, des maires de Paris, comme de la ligue républicaine, de la municipalité de Lyon, comme de celle de Toulouse, il fait tirer sur les bannières des Francs-maçons qui criaient : arrêtez, au nom de Dieu et du droit, assez de sang versé! Ce fut la dernière tentative de conciliation tentée par la Commune. On lui parle de Dieu, il n'y croit pas ou, les prêtres aidant, il le met de son côté; de droit, il ne le connaît pas, la force prime le droit a dit Bismarck! On étouffe la voix de la plainte, on intercepte la presse de la Commune, celle de l'opposition et on fait répandre toutes sortes d'effroyables, de pitoyables mensonges; tantôt, c'est les guillotines qui fonctionnent à la vapeur, ensuite, le pillage, le vol, l'assassinat qui hantent les rues, tandis que la tranquillité, la sécurité la plus parfaite n'ont cessé de régner. Enfin, c'est l'incendie et toutes ses horreurs qu'on impute à la Commune. Et des journaux qui se disent républicains, tels que le

Temps, le *Siècle*, le *National*, se prêtent à ces menées, à ces atten-
tats! Le *Temps*, journal protestant, représentant la haute industrie
et son organe, le *Siècle*, journal subventionné par le gouvernement du
4 septembre, le *National*, l'expression de je ne sais qu'elle combi-
naison financière qui a pu commencer par dépenser plusieurs millions de francs, avant de prendre droit de cité. Ces trois journaux,
qui, en haine des prêtres, avaient toujours à rapporter dans leurs
colonnes des histoires scandaleuses sur leur compte, le plus souvent erronées ou mensongères, ne parlent aujourd'hui, que de foi,
de Dieu, de famille et de propriété. La foi, qui est-ce qui en fait
preuve, si non le peuple, lui qui supporte avec courage toutes ses
misères; Dieu, qui est-ce qui peut y croire, si ce n'est le pauvre
dont il est le seul ami; la famille, qui est-ce qui la protége le mieux,
si ce n'est lui qui travaille pour nourrir la sienne; la propriété,
qui est-ce qui la possède, si non vous?..... Cette conduite de la
presse gagnée ou subventionnée durera autant que le pacte qu'elle
a signé le comportera, après elle reprendra sa marche cynique et
voltairienne. Nous ne connaissons rien de plus affreux que l'alliance
de Voltaire et de Loyola si largement pratiquée par la bourgeoisie.

La France, dès le 4 septembre, a été entraînée dans une voie
qui devait la perdre :

Voulant atteindre la République, on a amoindri le pays. Il ne
fallait pas que la République puisse réussir, alors il ne fallait pas
qu'elle puisse vaincre la Prusse. Depuis Metz jusqu'à la capitulation de Paris, c'est le même complot : Bazaine s'entendait avec
Trochu, aussi se rend-il avec 200.000 hommes en opposition avec
le maréchal Canrobert qui voulait combattre pour la France, fut-
elle en République! Mais Bazaine, l'accusant de mutiner l'armée,
le menace de le faire fusiller. Aujourd'hui pour faire une République sans républicains, comme le veut M. Thiers, il faut supprimer
les républicains; c'est pour cela qu'il les fait fusiller et emprison-
ner en masse, qu'il triomphe par la calomnie, qu'il règne par la
terreur! Et lorsque l'épreuve sera faite, qu'il n'y aura plus de républicains pour soutenir la République, que tous seront morts ou
à Cayenne, que le crime de lèse-nation, cette suppression en masse
d'une population toute entière, sera accompli, alors l'épreuve sera
faite et il faudra bien revenir à la monarchie. Les princes sont là,
tous en France, ils sont nombreux, nous avons le choix!...

C'est ainsi que vous fondez les Républiques, M. Thiers! Maudit
par cent mille morts, maudit par cent mille veuves, cent mille prisonniers; deux cent mille orphelins, que le sang versé féconde la
liberté et retombe sur votre tête, vieillard déjà près de la tombe!
Dieu vous punira et l'histoire n'aura qu'horreur et dégout à verser
sur votre nom!

Nous lisons sur l'*Officiel* : Par l'ordre de M. Thiers et un vote de l'Assemblée, les funérailles des otages seront faites aux frais de l'Etat ; une pierre commémorative placée à Notre-Dame portera le nom de tous les otages assassinés ; un crédit de trente mille francs est ouvert au ministère des cultes pour en couvrir les frais. Voilà qui est très-bien. Mais que fera-t-on pour les victimes de l'autorité : Les hommes, les femmes, les enfants assassinés, pauvres victimes de l'effervescence soldatesque ? Que donnera-t-on à la famille ou aux enfants de ces êtres innocents, morts ou qui gémissent encore en prison pendant que ceux-ci meurent de faim ?...

Rien ! on cherchera à nier, à cacher, et si la preuve est trop palpable, on ne prendra pas la peine de se désoler, on se taira et on emprisonnera celui qui se plaindra un peu trop haut ! Eh bien ! nous ouvrons ici une liste de tous les faits, assassinats ou exécutions, qui se sont exercées contre des personnes, n'ayant pris aucune part à la lutte ; et lorsque nous serons arrivés à quarante, nous ferons une croix, mais nous continuerons. Et c'est par milliers que nous compterons les victimes.

Nous prions donc instamment les familles intéressées ou les personnes qui connaîtraient des faits analogues ou des erreurs déplorables, à nous les faire connaître avec les preuves à l'appui ; le seul moyen d'avoir justice de l'hypocrisie alliée à la force, c'est d'appeler à notre aide les cent mille voix de la publicité.

On nous permettra quelques mots sur la Commune, sur cette institution qui a soulevé tant de colères, avant de terminer notre récit.

La Commune ! qu'est-ce donc que la Commune ? C'est donc bien effrayant que M. Thiers l'ait repoussée et qu'il n'ait jamais voulu traiter avec les hommes qui la représentaient ? Est-ce une institution républicaine, démagogique ? Au contraire, la Commune est aussi ancienne que la monarchie française. Nous l'avions sous François Ier et Henri IV. C'est Louis XIV qui lui porta les premiers coups, qui l'amoindrit dans un intérêt fiscal, car sous nos rois, nous l'avions bien plus complète, bien plus large qu'en 93. Elle était appropriée aux mœurs, aux coutumes, aux besoins de chaque province, tandis que la révolution la soumit à une loi unique, uniforme pour toute la France.

Cependant, tant de sacrifices ne sont pas perdus, la révolution du 18 mars a déjà porté ses fruits : l'installation de la Commune à Paris, qu'on combattait, fut comme un stimulant pour l'Assemblée nationale, elle agit d'entraînement et elle vota pour les municipalités, comme elle aurait voté pour les maires, sans restriction. Mais la question de cabinet ayant été posée par M. Thiers voulant que la nomination des maires, pour les villes de plus de vingt mille âmes, restât à l'autorité, la Chambre lui céda.

Les élections municipales en province, toutes radicales et celles concernant les députés qui manquaient à l'Assemblée, prouvent aussi combien l'initiative de Paris, au sujet de la Commune, était approuvée ; elles infligent, en dernier lieu surtout, un désaveu à la conduite barbare de M. Thiers.

Le comte de Chambord lui-même se rend à l'entraînement du 18 mars ; il promet dans son manifeste les franchises locales, le suffrage universel et la décentralisation. Il n'y a que M. Thiers qui n'entend pas raison. Pour cet homme à courte vue qui disait, il y a quarante ans que l'invention des chemins de fer était une ingénieuse folie impraticable, tout cela n'est que du domaine des rêves dangereux.

Témoin oculaire des faits que nous avons rapportés, et dont nous garantissons l'authenticité, nous nous sommes placés à un point de vue impartial et neutre, et si quelquefois nous nous sommes montré indignés, c'est notre cœur meurtri par tant de malheurs, qui a parlé et non l'esprit de parti, qu'on le croie bien. Nous n'avons pas ménagé la Commune qui a fait preuve d'incapacité qui est coupable de cela et c'est assez ! Mais le principe est bon, il était acquis, les hommes auraient changé, le principe serait resté !

Comment ne pas s'indigner ?...

A présent même, après plus de deux mois d'état de siége, on continue à arrêter *les coquins de communards*. Nous en avons vu passer encore, il y a à peine huit jours, un convoi de six cents, tristes et résignés, hommes, femmes et enfants, au grand ébahissement des bourgeois.

Allons ! continuez, le prolétaire compte plus d'un million d'âmes à Paris ; — votre plaisir sera long et complet.

Monsieur Thiers, vous êtes un grand homme, et si la patrie reconnaissante vous donne un million cinquante trois mille francs pour faire mettre un toit à votre maison, vous les avez bien gagnés, puisque vous fondez la République, l'ordre et la liberté !

Ayant parlé dans le courant de notre récit des accusations portées par le *Vengeur* contre M. Jules Favre, l'impartialité, dont nous ne voulons pas nous départir, nous fait un devoir de reproduire un extrait du numéro qui les a publiées, afin que le public puisse juger le débat avec connaissance de cause.

EXTRAIT DU JOURNAL

Le Vengeur

DU MERCREDI 8 FÉVRIER 1871

LE FAUSSAIRE

Premier fascicule.

On nous a communiqué les lettres suivantes, adressées au vice-président du gouvernement, avec les pièces authentiques à l'appui:

Monsieur Jules Favre,

Des affiches que vous avez fait placarder sur les murs de Paris, et des articles que vous avez insérés dans le *Journal officiel*, après la journée du 31 octobre, il résultait évidemment, pour tout le monde, que l'un des accusés de cet attentat était un faussaire, que vous le connaissiez, et que l'instruction démontrerait sa culpabilité; puis, quand cette manœuvre plébiscitaire eut produit ses effets, vous avez cru vous en débarrasser au moyen d'une ordonnance de non-lieu.

Je vous l'ai dit, Monsieur, cela ne peut pas se terminer ainsi.

Vous avez indignement violé les promesses solennelles que vous aviez faites au peuple, lorsqu'il est allé vous signifier la révocation d'un mandat dont vous aviez abusé d'une façon si désastreuse pour la République, et c'est nous que vous osez accuser d'attentat à la République, et à qui vous interdisez l'exercice des fonctions que nous ont conférées les libres suffrages de nos concitoyens.

Vous allez plus loin, afin de dissimuler votre félonie, vous avez cherché à donner le change à l'opinion en nous flétrissant par d'odieuses calomnies; vous avez essayé de soulever contre nous l'indignation publique, en nous dénonçant officiellement comme des faussaires et des voleurs.

Si vous avez l'audace de nous traduire devant vos tribunaux, nous verrons quels sont ceux qui ont commis un attentat contre la République; quels sont ceux qui ont provoqué à la guerre civile, qui ont fait des arrestations arbitraires, et nous démontrerons que vous et vos complices, vous êtes seuls rendus coupables de ces crimes.

En attendant, je vais prouver que le faussaire, c'est vous, monsieur Jules Favre.

De même que vous avez fabriqué le démenti frauduleux, si insolent et si provocateur, adressé au citoyen Félix Pyat, à propos de la trahison du « glorieux » Bazaine, de même, c'est vous qui êtes l'auteur de la fausse nouvelle d'une victoire dans les Voges.

C'est vous, car c'est vous qui aviez intérêt à inventer cette fausse nouvelle, ainsi que le prouve la perfidie avec laquelle vous vous êtes empressé de l'exploiter.

C'est vous enfin, parce qu'à l'œuvre, on reconnaît l'artisan, et que j'ai là, sous mes yeux, une liasse de pièces qui montrent que tous les actes de votre vie sont marqués au coin du mensonge et de la fourberie, et que jamais, pour satisfaire votre intérêt ou vos passions, vous n'avez reculé devant le faux et tous les genres de manœuvres frauduleuses.

Ces documents, je les possède depuis longtemps. Bien que dès l'année dernière, j'eusse eu un intérêt personnel à vous les jeter à la face, afin de repousser les calomnies et les outrages dont vous et vos amis m'avez abreuvé, à propos de la réunion privée du boulevard de Clichy, je n'avais pas voulu en faire usage, parce que le rôle d'accusateur public m'a toujours inspiré la plus vive répugnance, et, encore aujourd'hui, je laisserais au temps le soin de vous démasquer, si vous ne m'aviez mis dans la nécessité de le faire.

Poursuivis par vos agents pour les crimes dont vous-même êtes l'auteur, les accusés du 31 octobre sont dans le cas de légitime défense.

Le salut de la patrie m'en fait d'ailleurs un impérieux devoir.

Il importe, en effet, de vous arracher le masque d'hypocrisie, à l'aide duquel vous avez capté une confiance dont vous faites un usage si fatal à la France.

Nous verrons si, après ces révélations, il se trouvera des hommes assez peu soucieux de leur honneur et de leur dignité pour vous admettre dans leurs conseils, et si Paris laissera plus longtemps le sort de la nation en des mains pareilles aux vôtres.

Le plus difficile n'est pas de montrer votre indignité, mais de mettre de l'ordre dans le classement des actes si nombreux qui la constituent. Je suivrai la méthode que vous avez adoptée pour la publication des pièces trouvées aux Tuileries.

Ce premier fascicule se bornera à prouver que vous êtes bien et dûment convaincu d'être un faussaire en écriture publique et authentique.

PREMIÈRE PIÈCE

Département de la Seine. — Extrait des registres des actes de naissance du 1er arrondissement.

Du 6 novembre 1855, acte de naissance de Marie-Thérèse-Geneviève, née à Paris, rue Saint-Honoré, 420 bis, hier à 5 heures 40 minutes du matin ; *fille* de Claude-Gabriel-Jules Favre, *propriétaire*, âgé de 46 ans, et de Jeanne Charmont, *son épouse*, propriétaire, âgée de 44 ans, domiciliés tous deux au domicile susdit, *mariés à Dijon* (Côte d'Or).

Déclaration faite devant nous, maire, officier de l'état civil du 1er arrondissement de Paris, par le père de l'enfant, assisté de Louis-Alphonse Odiot, propriétaire, et de Franck Sain.., lesquels et le père ont signé avec nous, après lecture faite.

Signé : F. Sain, Jules Favre, A. Odiot
et Frottin.

Or, les énonciations de cet acte, en ce qui concerne les père et mère sont trois fois fausses, et si vous avez produit votre acte de mariage, cet autre acte est aussi un faux. En voici la preuve.

DEUXIÈME PIÈCE

Mairie de Dijon (Côte-d'Or).

Dijon, le 14 août 1869.

Monsieur, j'ai l'honneur de vous faire connaître, en réponse à votre lettre du 7 de ce mois, que de 1839 à 1855, inclusivement, il n'existe sur les registres de l'état civil de Dijon aucun acte de mariage qui soit applicable à M. Favre (Claude-Gabriel-Jules) et Mme Charmont (Jeanne). Ci-joint l'acte de naissance que vous m'avez communiqué.

Recevez, monsieur, etc.

Le maire de Dijon, Signé : Joliet.

Et n'espérez pas, Monsieur, profiter de la circonstance que toute vérification serait aujourd'hui impossible avec Dijon pour dire que cette lettre est une *manœuvre compliquée de faux*, qu'elle a été fabriquée *avec du papier volé à l'Hôtel de Ville par les auteurs de l'attentat du 31 octobre*, car elle porte la preuve de son authenticité.

D'ailleurs, si vous étiez marié avec madame Jeanne Charmont, vous seriez bigame, car cette dame était déjà mariée à un sieur Vernier, qui est encore aujourd'hui vivant, et pour contracter ce second mariage, il vous eût fallu fabriquer un faux acte de décès dudit sieur Vernier. Voici un document qui ne laisse aucun doute à cet égard.

TROISIÈME PIÈCE

Département de la Seine, extrait des registres des actes de naissance du neuvième arrondissement.

L'an 1839, le 6 mai, devant nous, etc., est comparu Louis-Adolphe Vernier, marchand de drap, âgé de 31 ans, demeurant à Paris, rue Saint-Antoine, n° 184, lequel nous a déclaré qu'hier, à dix heures du soir, est née à son domicile, et issue de lui et de dame Jeanne Charmont, son épouse, même profession, âgée de 27 ans, demeurant avec lui, une fille qu'il nous a présentée à l'instant, et à laquelle il a donné les prénoms de Pierrette-Marie-Berthe. En présence de....

Berthe Vernier s'est mariée le 24 mars 1860. Voici comment, dans son acte de mariage, dressé à la mairie du 2e arrondissement, est formulée la partie relative au consentement des père et mère.

QUATRIÈME PIÈCE

Par devant nous, etc. Sont comparus Pierre-Antoine-Marie-François Sain, etc., et Pierrette-Marie-Berthe Vernier, née à Paris, sur le 9e arrondissement, le 5 mars 1839, sans profession, demeurant avec sa mère, à Paris, rue d'Antin, 19, majeure, fille de Louis-Adolphe Vernier, courtier impérial, demeurant à Alger, rue de la Marine, n° 8, consentant par acte passé devant Me Auger, notaire audit lieu, le 16 janvier dernier, et de Jeanne Charmont, son épouse, présente et consentant.

Lesquels nous ont requis de procéder à la célébration de leur mariage, etc.

Et vous ne pourrez pas prétendre, M. J. Favre, que vous ignoriez soit le mariage de Jeanne Charmont, soit l'existence de son mari, car nous verrons plus tard que vous saviez tout cela, et que, suivant que vous y aviez intérêt, vous faisiez passer le sieur Vernier pour mort, ou vous faisiez procéder contre lui à un domicile imaginaire, que votre fantaisie lui supposait à Paris, afin de lui cacher des actes qu'il avait le plus grand intérêt à connaître.

Ainsi, M. J. Favre, c'est bien vous qui êtes un faussaire ; et, comme vous l'avouez dans une lettre, CETTE MORTELLE FAUTE, AJOUTÉE A TANT D'AUTRES, A BIEN SOUVENT TROUBLÉ VOTRE REPOS ; car, en votre qualité d'avocat, vous le saviez, le code pénal y attache la peine de cinq ans à vingt ans de travaux forcés, et, même en cas d'impunité, vous sentiez, vous l'aviez écrit, que si vos crimes étaient divulgués, vous seriez condamné au suicide ou à mener UNE EXISTENCE JUSTEMENT MÉPRISÉE.

Ajoutons un dernier trait non moins caractéristique.

Vous êtes dévot, M. J. Favre ; vous pratiquez, vous suivez la procession, vous allez à confesse, chacun le sait ; on pourrait donc croire que le crime consommé devant l'officier de l'état-civil, vous ne l'avez pas osé au pied des autels. Eh bien, il faut que vos amis renoncent encore à cette illusion ; le faux que vous avez commis devant le magistrat civil, dans un acte authentique, vous l'avez répété dans un acte de sacrement, devant votre Sainte Mère l'Eglise.

Ce n'est pas sans peine que j'ai pu me renseigner sur ce point, car, grâce à votre affiliation à la Société de Jésus, vous êtes protégé par *Monseigneur* l'archevêque, et à la sacristie de la Trinité, votre paroisse, on refuse, par ordre, toutes communications d'actes faits par vous. Mais voici ce que j'ai trouvé dans une commune voisine.

CINQUIÈME PIÈCE

Eglise paroissiale de Saint-Pierre et Saint-Paul de Rueil. Extrait des registres des actes de baptêmes.

Le 27 du mois d'avril 1856 a été baptisé par nous, curé soussigné, Emilie-Thérèse-Geneviève, née le 5 novembre dernier, de M. Gabriel-Jules Favre, avocat à la Cour impériale, et de dame Jeanne Charmont, *son épouse.*

Le parrain a été M. Alphonse-François ODIOT, propriétaire, etc. Signature : Odiot, E. Favre, Jules Favre, J. Charmont, etc.

Il serait beau, sans doute, de vous voir plaider les circonstances atténuantes avec cette rhétorique larmoyante dont vous avez tant abusé pour trahir la République ; mais, je vous en avertis, ne venez pas ici évoquer vos grands sentiments, ne parlez pas de *votre cœur,* car on le verra bientôt, vos crimes de faux, de bigamie, de suppression d'Etat, et ceux qu'il me reste encore à dévoiler, ont eu pour résultat de vous enrichir ; et ce n'est que depuis leur succès que vous vivez dans l'opulence, que vous avez eu un hôtel, des chevaux, de nombreux domestiques. C'est ce que démontreront les fascicules ultérieures.

MILLIÈRE.

Deuxième Fascicule.

Monsieur Jules Favre,

Dans ma dernière lettre, j'ai produit les documents authentiques qui prouvent que vous êtes uu faussaire en écriture publique, et que, par conséquent, vous avez encouru la peine des travaux forcés à temps, d'où il résulte que le sort de la France est actuellement entre les mains d'un galérien, ou, ce qui est pire encore, d'un criminel qui n'a pas expié ses forfaits, et qui n'a pas même le mérite d'un forçat libéré.

Il me reste à vous démontrer que vous avez eu recours à des moyens plus infamants encore pour vous assurer le bénéfice de vos crimes, et que l'opulence dont vous jouissez en est le résultat.

Ce second fascicule contient la suite des actes par lesquels vous l'avez préparé.

Ces actes peuvent être envisagés à un triple point de vue.

Il va sans dire que je n'ai nullement l'intention de m'ingérer dans votre vie privée.

Même sous le rapport moral, vos actions publiques échapperaient à toute critique si, accomplies loyalement, selon les inspirations de la conscience, elles ne se trouvaient pas en contradiction flagrante avec vos hypocrites démonstrations de respect pour les préjugés sociaux et les superstitions religieuses.

Mais chacun a le droit d'examiner au point de vue juridique les actes qui vous caractérisent, et mes intérêts de citoyen et d'accusé m'en font un devoir.

Le sieur Vernier plaidait en séparation de corps contre Jeanne Charmont, sa femme, lorsque celle-ci s'adressa à vous pour défendre sa cause.

Peu de temps après, vous vous présentiez à la mairie et vous y faisiez dresser l'acte que voici :

SIXIÈME PIÈCE

Département de la Seine, extrait du registre des actes de naissance du premier arrondissement, du 25 novembre 1845, à une heure du soir.

Acte de naissance de Jeanne-Gabrielle-Marie-Cécile, présentée et reconnue être du sexe féminin, née à Paris, rue de Ponthieu, n° 3, le 22 du courant, à quatre heures du soir, *fille de père non dénommé* et de Jeanne Charmont, rentière, âgée de trente-deux ans.

Déclaration faite par devant nous, maire officier de l'état-civil du premier arrondissement, par C. Deramont..., assisté de Jules Favre, avocat, âgé de 36 ans, demeurant rue de Choiseul, n° 9.

Pourquoi ce père non dénommé? Vous êtes avocat, maître Favre. Vous ne pouvez pas ignorer l'article 312 du Code civil : « L'enfant conçu pendant le mariage a pour père le mari. »

C'est là l'état de l'enfant, et vous saviez que tout acte qui tend à le lui enlever est un crime que les lois punissent de peines infamantes. C'est l'une des formes du faux.

Et c'est vous, vous qu'on ne peut plus qualifier justement sans outrage, c'est vous, faussaire, qui avez l'impudence de nous accuser, de nous diffamer officiellement, d'user, pour nous calomnier avec impunité, de la position que nous vous avons nous-mêmes confiée. Mais ce n'est pas tout.

SEPTIÈME PIÈCE

L'an 1849, le mardi 28 août, à 9 heures du matin, devant nous Etienne Rampal, adjoint au maire de la commune de Sceaux, officier public de l'état civil, a comparu Gabriel-Jules Favre, âgé de quarante ans, avocat à la Cour d'appel, domicilié à Paris, rue de Choiseul, n° 9.

Lequel nous a présenté un enfant du sexe masculin, né le 25 de ce mois, à 11 heures et demie du soir, à la maison de campagne par lui habitée dans cette commune, rue Houdan, n° 6, *de lui déclarant et de Mademoiselle Jeanne Charmont*, âgée de 37 ans, résidant dans la maison sus-désignée, non mariés.

Auquel enfant M. Jules Favre déclare donner les prénoms de Marie-Jean-Baptiste-Louis-Jules, etc.

Ainsi, vous ne vous bornez plus, comme dans l'acte précédent, à supprimer l'état d'un enfant légitime, vous donnez à celui-ci l'état d'enfant adultérin. Il ne vous suffit plus de dire que l'enfant de la femme Vernier n'a point de père, vous lui attribuez un père autre que le mari de la mère.

On le voit, nous marchons sur une route qui semble, à chaque étape, ornée d'une nouvelle *manœuvre compliquée de faux*; et n'était la différence résultant de votre élévation politique, qui vous permet d'employer les colonnes de l'*Officiel*, les murailles de Paris, et la servilité de votre commis à la préfecture de police, il n'apparaît pas que vous ayez fait de nouveaux progrès dans cet art où vous vous étiez déjà montré si habile, longtemps avant la fameuse nouvelle que vous avez imaginée pour les besoins de votre plébiscite et de vos rancunes.

Mais nous sommes encore loin du but. Jusqu'ici nous n'avons trouvé que des manœuvres compliquées de faux, nous allons les voir compliquées d'escroqueries.

Dans l'acte du 24 novembre 1845 (pièce n° 6), vous aviez dépouillé Jeanne-Gabrielle-Marie-Cécile Vernier de toute paternité : vous n'aviez alors aucun intérêt à lui en donner une. Mais treize ans après, vous savez que cette jeune fille va être appelée à recueillir une part dans l'opulente succession d'un célibataire, dont la santé déclinait à vue d'œil ; c'est alors qu'avec cet élan de cœur, qui ne vous abandonne jamais, vous prenez la résolution de vous attacher à elle par les liens de la paternité.

HUITIÈME PIÈCE

Par acte passé devant Me Aumont-Tiéville, notaire, à Paris, en présence de témoins, le 19 mai 1858, enregistré, Claude-Gabriel-Jules Favre, a reconnu pour sa fille l'enfant inscrit ci-contre.

La présente mention, faite sur avis, par nous, greffier soussigné, ce 20 juin 1867. Signé : Penaud.

Peut-être devrais-je, après la preuve de la reconnaissance effectuée par vous, de deux enfants nés pendant le mariage des époux Vernier, indiquer de suite l'usage que vous en avez fait pour vous approprier une fortune considérable, car c'est là une de vos plus savantes manœuvres compliquées de faux et d'escroquerie ; mais je ne veux pas interrompre l'exposition de l'interminable série des actes frauduleux dont vous avez rempli les greffes et les sacristies.

Voici d'abord l'acte de mariage de la jeune Gabrielle Vernier, reconnue par vous la veille du jour où vous saviez qu'une succession allait lui échoir.

NEUVIÈME PIÈCE

Préfecture de la Seine. — Extrait du registre des actes de mariage du 8e arrondissement.

Le 17 juillet 1867, à 10 heures du soir, acte de mariage de P... M... Delrio... et de Gabrielle-Marie-Cécile Favre, sans profession, née à Paris, le 22 novembre 1845, y demeurant avec son père, rue d'Amsterdam, n° 87, fille majeure de Claude-Gabriel-Jules Favre, avocat, membre du Corps législatif et de l'Académie française, âgé de 57 ans, présent et consentant, et de Jeanne Charmont DONT L'EXISTENCE EST IGNORÉE.

Cet acte, entaché de faux comme tous les autres, a cependant un caractère plus décidé ; on y voit que l'habitude vous a tout à fait familiarisé avec la fraude ; vous dédaignez les timidités auxquelles vous avez quelquefois cédé dans les actes antérieurs, et vous êtes désormais parfaitement préparé aux audaces des manœuvres frauduleuses et compliquées de faux que vous pratiquerez contre la République et ses défenseurs.

Ainsi, dans l'acte du 17 juillet 1867, vous ne déguisez plus vos qualités sous le titre banal de *propriétaire*, vous les étalez, au contraire, avec complaisance. Ensuite, on ne parle plus de l'acte par lequel vous vous êtes attribué la paternité de cette jeune fille, vous en êtes carrément le père. LE PÈRE qui marie SA FILLE, c'est M. Jules Favre, avocat, membre du Corps législatif et de l'Académie française.

La mère y est désignée aussi peu que possible ; toutefois, c'est toujours Jeanne Charmont, mais l'officier de l'état civil, s'étonnant de ne pas la voir pour donner son consentement, s'informe de la cause de cette absence, et vous lui répondez avec votre assurance imperturbable : on ne sait ce qu'elle est devenue ; en conséquence, on écrit dans l'acte : Son existence est ignorée, et l'on passe outre !

Je ne méconnais pas l'habileté de cette *manœuvre compliquée de faux*. Jeanne Charmont n'était, à l'égard de son mari, qu'en rupture de ban, et l'on a pu remarquer que cette femme, qui affectait une très-grande dévotion, s'est constamment tenue à l'écart de tous les faux que vous avez commis. Or, si elle eût été présente à l'acte de mariage de sa fille, on aurait pu, de question en question, arriver jusqu'au sieur Vernier, et dévoiler les mystères de la succession O... Vous avez senti le danger ; pour l'éviter, vous avez du même coup supprimé la femme et son mari, le père et la mère !

Cet acte n'est pas seulement une *manœuvre compliquée de faux* destinée à vous enrichir, c'est encore un mariage nul, puisque le père légal n'y a pas consenti. Et qu'arriverait-il, je vous le demande, maître Favre, si l'un de vos émules s'avisait de reconnaître par devant le notaire, les enfants qui peuvent naître de cette union.

Dès longtemps, je le sais, vous avez eu le soin de faire répandre le bruit de la mort du sieur Vernier ; mais cette autre manœuvre est aussi mensongère que les précédentes. En voici la preuve :

DIXIÈME PIÈCE

Mairie de la ville d'Alger.

Alger, le 10 septembre 1869.

M..., je m'empresse de vous faire connaître que le nommé Vernier, Louis-Adolphe, courtier maritime, dont vous me demandez l'acte de décès, est parfaitement vivant et qu'il n'est même pas dans un état de santé qui puisse faire présumer sa fin prochaine.

Si vous prétendez que cette lettre a été fabriquée *avec du papier volé à l'Hôtel de Ville*, au moins ne pourrez-vous pas dire que c'est par *les auteurs de l'attentat du 31 octobre*. Néanmoins, comme il pourrait vous arriver de risquer un démenti indigné, ainsi que vous savez si bien les donner, j'ajoute deux documents.

ONZIÈME PIÈCE

(Extrait d'une lettre écrite d'Alger en juin 1870.)

L'époux de Mme Jules Favre est ici, et ses habitudes le portent à marcher en zig-zag dès le matin. Quand il a soif, il écrit à Paris qu'il arrivera, et on lui envoie de quoi se rafraîchir. Quand le grand homme est ici, il voit constamment son associé.

DOUZIÈME PIÈCE

(Ville de Rueil. État civil.)

Du 11 juin 1870, à 9 heures du matin.

Acte de décès de Jeanne Charmont, sans profession, âgée de 58 ans, née à Verisey (Saône-et-Loire), décédée à Rueil, en son domicile, boulevard de Saint-Cloud, n° 3, hier, à quatre heures du soir, *épouse de M. A. Vernier, domicilié en Algérie.*

Les témoins ont été, etc. — Le maire : Adrien Carmail.

Donc, plus de dénégations possibles, monsieur Jules Favre, et vous devez désormais renoncer à vos démentis. Il résulte de ce qui précède : que le sieur Vernier est bien vivant, et que sa femme, Jeanne Charmont, cette mère que dans l'acte de mariage de Gabrielle Vernier, vous déclariez être inconnue, vivait avec vous, dans votre hôtel de la rue d'Amsterdam et dans votre maison de campagne de Rueil, où elle est morte subitement, le 10 juin 1870.

Le hasard a voulu que vous fussiez absent lors de cet événement, voilà pourquoi, par exception, l'acte de décès est exempt de toute *manœuvre compliquée de faux;* mais vous vous êtes rattrapé à l'Église. Voici le billet que vous avez fait distribuer dans le monde que vous connaissez, et que vous trompiez jusque sur le bord de la fosse qui allait se refermer.

TREIZIÈME PIÈCE

M., vous êtes prié d'assister aux convoi, service et enterrement de madame Jules Favre, décédée à Rueil, le 10 juin 1870, dans sa cinquante-huitième année, qui auront lieu le mercredi 15 courant, à dix heures très-précises, en l'église de Rueil. On se réunira à la maison mortuaire. — *De profundis.*

De la part de M. Jules Favre, M. et Mme Allard, M. et Mme Martinez, Mlle Geneviève Favre, M. Jules Favre, Mme veuve Pasquier, M. Pierre Charmont, M. Paul Martinez, etc., etc.

Suivant l'usage, ce document n'est pas signé, et, à la rigueur, pour lui, comme pour les journaux qui en ont reproduit la substance comme pour la fausse nouvelle envoyée par vous au journal le *Temps*, le 2 novembre, vous pourriez la renier et l'imputer à vos adversaires politiques. Eh bien! osez faire cela, monsieur Favre, je vous en défie.

En attendant, je vous *dénonce à l'indignation publique*, comme ayant, dans cette circonstance encore, exercé une *manœuvre impliquée de faux*, destinée à dépister les recherches sur vos pratiques frauduleuses.

En parcourant cette longue série d'actes frauduleux, laissés impunis par la magistrature, le cœur se soulève de dégoût devant le spectacle de tant de turpitudes, et j'entends le jury de l'opinion publique s'écrier : assez, assez... sur mon honneur et ma conscience, oui, l'accusé est un misérable.

Que sera-ce donc lorsqu'il verra remuer le cloaque des manœuvres pratiquées par vous, monsieur Jules Favre, pour vous emparer de l'opulente succession de M. Alphonse O., de complicité avec certains juges de l'empire, sans le concours desquels vous n'eussiez pu atteindre votre but.

Ce sera l'objet d'un troisième fascicule.

MILLIÈRE.

Troisième fascicule.

Monsieur Jules Favre,

En 1858, un ancien négociant M. Alphonse O..., riche célibataire, vivait dans un appartement somptueux de la rue du Faubourg-Poissonnière. Rien ne semblait mystérieux dans la vie de cet honnête citoyen, seulement on remarquait qu'il ne fréquentait plus les membres de sa famille. C'est que, ancien ami de Jeanne Charmont, il était devenu votre client, et pendant de longues années il plaida contre ses parents devant toutes les juridictions.

Dans la conduite de ses affaires, vous vous êtes montré, maître Favre, égal à vous-même. Vous souvient-il de cette scène si bien jouée d'une plaidoirie avec un bras en écharpe devant l'*intègre* président Delangle? Mais on ne vous reconnaîtrait pas tout entier si vous n'aviez trouvé le moyen d'accuser vos contradicteurs d'un faux ou d'une manœuvre frauduleuse. Les adversaires de M. Alphonse O..., votre bien *cher ami*, invoquaient l'une des clauses d'un contrat de mariage. Vous avez soutenu que les énonciations de ce contrat étaient *fausses*; or, vérification faite, on reconnut que l'acte portait votre propre signature. C'était en effet le contrat de mariage de l'un de vos amis, contre qui vous plaidiez, en attendant que vous pussiez le dépouiller à votre profit de la part qui devait légitimement lui revenir de la succession de M. O...

Ces procès durèrent longtemps. Un premier jugement rendu le 30 décembre 1854, fut infirmé par un arrêt de la Cour de Paris du 27 août 1855. A son tour cet arrêt fut cassé par la Cour de cassation, et ce n'est que le 3 juillet 1858 que l'affaire reçut une solution définitive devant la Cour d'Orléans.

Sous l'empire des sentiments que ces luttes devaient lui inspirer contre sa famille, M. Alphonse O. fit un testament olographe ainsi conçu :

QUATORZIÈME PIÈCE

..... Je donne et lègue tout le surplus de ma succession à Jules, Berthe, Gabrielle et Geneviève, enfants de madame dite par nous Mᵐᵉ Julie, demeurant à Paris, rue d'Antin, n° 19, lesquels enfants j'institue mes légataires universels en toute propriété.

Comment ce testament fut-il obtenu? Nul ne sait ce qui s'est passé dans vos entretiens secrets avec votre client, mais on ne peut se dispenser de remarquer que le voyage que vous avez fait à Orléans avec M. Alphonse O... pour plaider son procès contre sa famille, coïncide avec le fameux acte du 19 mai 1858 (pièce n° 8), par lequel vous avez prétendu être le père non dénommé dans l'acte de naissance de Gabrielle, alors âgée de treize ans, et que cet enfant est l'un des légataires universels institués par le testament de votre client.

M. Alphonse O., est mort le 14 juillet 1859, de la maladie qui le minait depuis longtemps.

A l'ouverture de son testament, ses héritiers naturels se demandèrent : Quelle est donc cette femme qualifiée : Madame, dite par nous Mᵐᵉ Julie, dont les enfants vont vous dépouiller? Au domile indiqué, rue d'Antin, 19; on ne connaissait aucune dame, *dite Mᵐᵉ Julie*, et ils entrevoyaient la caducité du legs, lorsque M. O. aîné reçut votre visite, maître Favre. Vous veniez, de votre ton le plus larmoyant, lui faire vos compliments de condoléance sur la mort de son frère, et lui exprimer les regrets que vos ENFANTS fussent appelés à recueillir en entier une si opulente succession. Mais..... ils étaient mineurs, vous n'y pouviez rien! C'était, dit-on, véritablement touchant.

M. O. ne fut, lui, touché que d'une chose : l'étrangeté de votre démarche. On raconte que son esprit, aiguilloné par le dépit de se voir fruster, se donna large carrière aux dépens de votre dignité, qu'il s'égaya sur votre plaisante prétention de lui faire croire que son frère, dans l'intimité, vous appelait *Mme Julie.*

Si je voulais amuser le public, il y aurait là le sujet d'une scène très-comique; mais je ne veux rire ni avec vous, ni de vous, monsieur; mon seul but est de vous montrer à la France tel que vous êtes sous votre masque, afin qu'elle puisse prononcer sur les accusations que vous nous avez adressées et que nous vous renvoyons. C'est pourquoi je viens vous rappeler les manœuvres compliquées de faux auxquelles vous avez eu recours pour éluder les difficultés qu'allait vous susciter la résistance des héritiers O.

Ces difficultés étaient graves. Pour vous emparer de la succession il fallait établir : 1° qu'il existait une femme *dite par nous Mme Julie;* 2° que cette dame était mère d'enfants portant les noms exprimés au testament; 3° que ces enfants étaient vivants; 4° qu'ils étaient les vôtres, et que vous aviez le droit d'administrer leurs biens.

En supposant que vous parvinssiez à faire admettre que *Mme Julie* était cette Jeanne Charmont, qui demeurait chez vous, rue d'Antin, n° 19, l'état des enfants ne pouvait se prouver que par la production de leurs actes de naissance; or ces actes n'avaient pas tous été rédigés sur vos déclarations, par conséquent, ils n'étaient pas tous faux; l'un d'eux, celui de la mineure, Berthe, avait été fait loyalement pour l'époux, de sa mère, dont il révélait le mariage; les actes de naissance des trois autres enfants ne pouvaient concorder avec l'existence de son mariage; ils allaient donc dévoiler le faux acte de décès du sieur Vernier, si vous l'aviez produit à Dijon pour épouser Jeanne Charmont, sa femme, ou si réellement vous n'aviez pas contracté ce mariage, on allait découvrir et les suppressions d'état et vos nombreux faux, c'est-à-dire une série de crimes à rendre jaloux les plus pervers des pensionnaires de Toulon.

Ah! M. Jules Favre, vous eûtes alors, comme vous l'avez écrit de votre main, BIEN PEUR D'ÊTRE A LA VEILLE D'UNE TERRIBLE CATASTROPHE..... *(Textuel.)*

En tout cas, ces actes, aussi bien que le testament — qui ne vous reconnaissait en aucune façon la qualité de père des légataires universels — excluaient toute possibilité pour vous d'exercer les droits de ces enfants. La règle du père nuptial : *Pater is est quem nuptiæ demonstrant,* et l'interdiction de reconnaître les enfants adultérins, vous opposaient un obstacle légalement invincible.

Mais votre genre familier, le génie du faux et des manœuvres frauduleuses, un instant abattu en vous, se releva bien vite, et comme dans l'instruction relative à la fausse nouvelle adressée au journal le *Temps*, on vit la magistrature impériale venir à votre aide pour vous tirer d'embarras.

QUINZIÈME PIÈCE

Du 26 novembre 1859.

Ordonnance de référé, annexée au procès-verbal de levée des scellés apposés le 14 juillet 1859, après le décès de M. Alphonse O.

Attendu que les quatre mineurs désignés par le testament n'ont pas pour représentant légal la dame leur mère, *mais le père naturel qui les a reconnus* pour trois d'entre eux, et le père indiqué par l'acte de naissance pour l'aîné desdits enfants; que ce sont les représentants légaux qui doivent être sommés...

Disons que dans l'état il n'y a pas lieu de passer outre à la levée des scellés, et qu'il ne pourra être procédé qu'après que le père de l'aîné des mineurs et le père naturel des trois autres mineurs auront été sommés en leurs dites qualités.

Ainsi, selon le président du tribunal civil de la Seine, comme selon vous, maître Favre, avocat et député, les enfants nés pendant l'existence du mariage de leur mère et non désavoués peuvent avoir pour père les uns le mari, les autres l'amant de la mère, et si ces enfants sont institués légataires universels, la *justice* pourra distribuer, à son gré, leur paternité à ses favoris !

On pourrait croire que cette œuvre monstrueuse du président du tribunal de Paris, a été le résultat d'une erreur, que vous l'avez surprise à la bonne foi du magistrat, et que plus tard elle a été réformée par la justice mieux éclairée. Non, non, cette manœuvre frauduleuse était parfaitement combinée avec les magistrats, car elle a été confirmée et complétée par le tribunal lui-même, première chambre, en présence et sur les conclusions du procureur impérial, préposé, comme on sait, pour veiller aux intérêts des mineurs et au respect de la loi.

Cependant vous étiez loin du but. En vous faisant déclarer, par des magistrats complaisants, représentant légal des trois plus jeunes enfants de la femme Vernier, vous n'aviez parcouru que la moitié du chemin. N'ayant pu ni détruire, ni falsifier l'acte de naissance de Berthe Vernier, le père devait nécessairement figurer, pour la représenter, dans l'instance relative à la succession O.; si Vernier s'était présenté, non-seulement il aurait pris le quart revenant à sa fille aînée, mais encore il n'aurait pas manqué de vous expulser complétement, en vertu des articles 312 et 335 du code civil, et de s'emparer de la totalité de la succession léguée aux quatre enfants. Il eut bien fallu lui restituer les droits dont l'ordonnance du président et le jugement du tribunal l'ont frustré, l'immense fortune dont vous jouissez actuellement lui eut été attribuée en entier, et vous eussiez perdu le fruit de toutes les manœuvres frauduleuses par lesquelles vous aviez si laborieusement préparé la spoliation. C'eut été échouer au port.

Vous avez su, maître Favre, trouver le moyen de parer à un tel danger, et voici la manœuvre compliquée de faux à laquelle vous vous êtes livré. Elle couronne admirablement l'édifice de vos crimes, c'est un trait de génie, simple comme les grandes idées, et vous n'avez pas eu pour cela besoin de voler du papier à l'Hôtel de Ville.

Le sieur Vernier habitait déjà depuis longues années, comme il habite encore, à Alger, rue de la Marine, n° 8, où il exerçait la profession de courtier impérial. Vous le saviez parfaitement, puisque vous étiez en correspondance suivie avec celui que la pièce énoncée sous le n° 11 appelle si pittoresquement votre associé ; et vous ne pouvez pas le nier, car ceci se passait au mois de février 1860, l'époque où Vernier vous envoyait son consentement au mariage de sa fille aînée (pièce n° 4), consentement donné par un acte notarié du 16 janvier précédent, qui indique nettement son domicile.

C'est à ce domicile, rue de la Marine, n° 8, à Alger, que devaient être signifiés au sieur Vernier tous les actes relatifs à la liquidation de la succession O...; or,

SEIZIÈME PIÈCE

Par exploit de Porcher, huissier à Paris, en date du 26 novembre 1859, annexé au procès-verbal de levée des scellés, sommation est signifiée, au sieur Vernier, *à Paris, rue des Mauvaises-Paroles, n° 2*, ou, ne trouvant personne qui puisse indiquer l'adresse, la signification est faite au parquet du procureur impérial.

De cette façon, vous étiez bien sûr, maître Favre, que Vernier ne connaîtrait pas la procédure, qu'il ne se présenterait ni devant le tribunal ni à aucune des opérations de la succession. C'est, en effet, ce qui eut lieu.

DIX-SEPTIÈME PIÈCE

Tribunal civil de première instance de la Seine. Première chambre.
Du 14 février 1860.

Jugement définitif, par défaut, contre Vernier, après réassignation au même domicile, proclamant les droits de Jules Favre, comme représentant légal de ses enfants naturels reconnus, encore en minorité, et déclarant le jugement commun avec le sieur Vernier, défaillant, comme administrateur de Berthe Vernier, sa fille mineure : tous les dits mineurs habiles à se dire légataires universels de feu M. Alphonse O.

Le tour était joué. Vernier, ignorant la procédure faite contre lui, en son absence, était écarté, et vous restiez seul détenteur de l'opulente succession O... à laquelle vous n'aviez aucune espèce de droit.

Voilà, monsieur, tout ce que je peux vous dire aujourd'hui. Non que je manque de matière, l'histoire de vos *méfaits* est une mine inépuisable, et j'ai là, sur ma table de travail, un mémoire imprimé où je pourrais prendre une preuve nouvelle d'accusation de faux lancée par vous avec autant d'impudence que de perfidie contre un homme devant lequel, souvenez-vous en, vous n'avez pas le droit de porter le front haut.

Je pourrais aussi raconter l'histoire de cette propriété vendue par Jeanne Charmont ; je pourrais encore vous rappeler vos agissements à la mort de l'homme que M. de Morny appela un jour votre gendre.... Mais ce serait vous faire la part trop belle aux yeux de ceux qui veulent que, sous prétexte de mur de la vie privée, on puisse être impunément un misérable. Je n'ai, au surplus, pas besoin de cela pour tenir la promesse que je vous ai faite.

J'ai dit qu'à défaut de votre juge d'instruction, je découvrirais l'auteur de la *manœuvre compliquée de vol et de faux*, que vous nous avez imputée. J'ai tenu parole.

Il est incontestable que vous et vos complices aviez seuls intérêt à cette manœuvre plébiscitaire, et j'ai démontré, par tous vos antécédents, que vous seul êtes capable de l'avoir pratiquée.

Que l'*indignation publique*, à laquelle vous nous avez dénoncés avec tant de perfidie, retombe de tout son poids sur votre tête, et que la population parisienne, mieux éclairée, vous ôte enfin le pouvoir de consommer la trahison si manifestement révélée par tous les actes de votre dictature.

MILLIÈRE.

Après la publication de ces documents, M. Millière fut soigneusement surveillé : il ne pouvait sortir sans se trouver subitement entouré d'êtres mystérieux. Pendant la bagarre, Millière, avec l'esprit de décision qu'on lui connaissait ne pouvait rester inactif : sorti du peuple, ouvrier lui-même, — il en était aimé ; il allait donc se mettre au milieu de lui. Mais surpris et saisi, il fut tout aussitôt enentraîné, roulé et, pour aller plus vite, porté sur les marches du Panthéon et livré à un peloton d'exécution ! Amère dérision qui aura peut-être son enseignement. Dieu en permettant qu'on assassine Millière au Panthéon, destine certainement ses bourreaux au bagne et à l'infamie !

On sait que la haine de ses ennemis ne s'est pas arrêtée là, que sa femme, digne et chaste épouse, qui était adorée dans son quartier et dont la bonté s'étendait à tous les malheureux a été arrachée à son foyer et traînée á Versailles, — nouvelle Bastille, nouveau Montfaucon tout à la fois, dont M. Thiers, — cet homme qui jadis trahit Lafitte, son bienfaiteur, — est le geôlier et le *tourmenteur*.

Conclusion.

On ne saurait croire avec quelle légèreté cruelle on procéda par ordre de Mac-Mahon. Ce duc de Bonaparte, qui semble n'avoir livré naguère la bataille de Wœrth que pour se faire battre par le prince royal, prit une étrange revanche! Il étendit le massacre dans toute la cité. L'extrême peur le rendit brave: en avant! qu'on tue, qu'on fusille toujours. Erreur ne fait pas compte; on vérifiera après, et *Dieu reconnaîtra les siens.*

C'est ainsi que le colonel V. fut fusillé au Père-Lachaise, tandis qu'on le sait à présent en sûreté; que Regère, Ferré et Cluseret furent exécutés, tandis que les deux premiers arrêtés récemment ont été conduits à Versailles, et le dernier s'est embarqué pour l'Amérique.

Avec cette armée qu'on avait livrée à Sédan, comme une troupe de lapins dans un terrier, on renouvela les lauriers, les exploits du 2 décembre; on multiplia le carnage, les erreurs; on porta le fer, le feu, le deuil partout.

Avant d'entrer à Paris, avant l'armistice, que la Commune eut de la peine à obtenir de M. Thiers pour sauver la population de Neuilly, les Versaillais pratiquaient déjà la guerre barbare qu'ils ont portée à Paris. Ils laissaient des familles entières mourir de faim dans les caves de leurs maisons cernées. On a trouvé des centaines de cadavres dont une constatation médicale a indiqué la privation d'alimentation.

M. Pécoul, le plus ancien boulanger de Neuilly, honnête et bon citoyen, fournisseur du bureau de bienfaisance depuis trente ans, fut passé par les armes pour avoir livré son pain à la population de Neuilly, au lieu de le garder pour l'armée de Versailles!

Plusieurs maisons à Neuilly, entre autres, celle située immédiatement à côté de la gare, à l'entrée de l'avenue de la Grande-Armée, furent brûlées par les Versaillais, à l'aide de projectiles à pétrole. Si Neuilly, ville inoffensive, n'a pas été épargnée, pourquoi aurait-on usé de clémence envers Paris qui tenait en échec toute l'armée depuis deux mois?

D'ailleurs, la modération peut-elle être supposée à une armée composée de ramassis de fuyards de tous les combats; à une assemblée qui avait refusé le titre de belligérante à une ville armée et ceinte de forteresses?.....

L'installation des conseils de guerre, après les cours martiales, indique suffisamment la fureur de Versailles et le caractère politique et non criminel de la défense de Paris.

En droit, lorsque la guerre, soit-elle civile, éclate entre deux partis politiques qui ont chacun une portion de territoire acquis, une armée, des finances indépendantes suffisant à leur entretien, à leurs dépenses, le titre de belligérant leur est également applicable, l'un d'eux, dût-il succomber.

Les lois de l'humanité et des nations civilisées prescrivent au vainqueur un traitement conforme aux usages de la guerre et non semblable à celui qu'on réserve aux vils criminels. — Eussent-ils même, dans l'intérêt de leur défense, été amenés à détruire ou à incendier tout ou partie de leur occupation; les vaincus ont droit aux égards, à la protection des vainqueurs.

Les Prussiens ont-ils épargné Strasbourg, Belfort ou Laon?

Jadis, les Russes épargnèrent-ils Moscou?

Le gouvernement du Quatre Septembre, épargna-t-il Saint-Cloud?

Les Versaillais, ont-ils épargné Neuilly, Issy, Passy, Grenelle, Les Ternes, etc.,... etc.?....

La Prusse, comme la Commune, n'a-t-elle pas pris des otages avec menace de les exécuter, — non pour protéger ses nationaux, mais pour se faire payer *telle* rançon qu'il lui plaisait d'imposer?

Les puissances de l'Europe, pour ce motif, ont-elles cessé leurs relations avec elle?

La guerre civile est envisagée comme toute autre guerre par les meilleurs auteurs : tous les actes admis dans les guerres internationales lui sont applicables. Dès lors la répression doit s'arrêter à la victoire; et il y a, dans les guerres civiles, une haute raison de moralité et surtout d'esprit politique qui en fait un devoir au vainqueur : il doit s'efforcer de faire oublier ses succès pour amener la concorde et poursuivre la conquête morale des dissidents.

Dans tous les cas, les vaincus ne peuvent jamais tomber sous le coup des lois applicables aux criminels, alors surtout qu'ils ont combattu sous les ordres et la bannière d'un gouvernement librement élu, comme la Commune qui se trouvait elle-même, par le fait de son élection non équivoque, à l'abri de toute pénalité. Un gouvernement choisi, par une ville hérissée de forteresses et habitée par deux millions d'âmes, ne peut être un gouverment criminel.

Qu'on examine si les Etats-Unis d'Amérique, dans la guerre du Nord contre le Sud, ont fait preuve de la barbarie, dont se rend coupable le gouvernement de Versailles?

Le général Grant, au contraire, à l'envers de M. Thiers — (cet espion de la duchesse de Berri) — s'est efforcé de ramener la confiance dans les esprits, comme dans les habitudes en prêchant la conciliation et en ouvrant les portes de la patrie et même celles de sa maison à tous les insurgés.

C'est une tache à la civilisation que les tribunaux exceptionnels revendiqués par les partis ou les factions.

La loi ne devrait jamais être violée; la juridiction ne devrait jamais être changée. Si vous doutez des tribunaux ordinaires, vous doutez de votre droit.

Vous vous dites républicain, M. Thiers, vous, l'auteur des infâmes lois de septembre, le promoteur des fortifications de Paris dirigées contre l'intérieur d'après l'opinion même du général Trochu, et vous créez des tribunaux exceptionnels à l'exemple de Napoléon III qui créait une haute Cour, formée de juges complaisants, non pour sévir, mais pour acquitter son cousin l'assassin de Victor Noir. Or, je vous le demande, croyez-vous que les tribunaux ordinaires eussent *blanchi* le prince Pierre? C'est donc le propre des tyrans de choisir des juges extraordinaires, selon leurs passions, leurs intérêts ou leurs instincts sanguinaires, c'est ce que vous avez fait!

24 Juillet 1871.